絵《え》で見《み》る樺太《からふと》史《し》

―昭和まで実在した島民40万の奥北海道―

カバーイラスト
遠野ありく氏
挿絵作成者
大前壽生氏（一章、二章）
遠野ありく氏（序章及び一章）
総合支援
セシェン（浦澤由紀）
改訂版作成協力者
西村巖氏
小熊幸人氏
佐々木照美氏
鈴木仁氏

序章　樺太の概要

＜樺太を知っていますか＞

県名	はい	いいえ	合計	%
北海道	189	109	298	64.4
福島	175	294	469	37.3
茨城	138	143	281	49.1
栃木	10	2	12	83.3
東京	14	52	66	21.2
沖縄	30	79	109	27.5
合計	557	687	1,244	44.8

（イ）小中学生への聞き取り調査

平成《へいせい》19年《ねん》、筆者《ひっしゃ》は、全国《ぜんこく》八四〇の小中学校《しょうちゅうがっこう》に対《たい》し、郵便《ゆうびん》によるアンケートを実施《じっし》し、16校《こう》より回答《かいとう》を得《え》ました。

アンケートの質問《しつもん》は、小中学生《しょうちゅうがくせい》が樺太《からふと》という地名《ちめい》を知《し》っているかどうかの一点《いってん》に絞《しぼ》りました。（樺太《からふと》を知《し》っていますか）

ご回答下《かいとうくだ》さった小中学校《しょうちゅうがっこう》の大半《たいはん》が、樺太《からふと》と何《なん》らかの関係《かんけい》を持《も》つ地域《ちいき》にあるため、このアンケートでは、樺太《からふと》という地名《ちめい》を知《し》っている小中学生《しょうちゅうがくせい》の割合《わりあい》が相当高《そうとうたか》くなっている可能性《かのうせい》があります。

樺太《からふと》は、北海道《ほっかいどう》のさらに北《きた》に位置《いち》する
大《おお》きな島《しま》です。

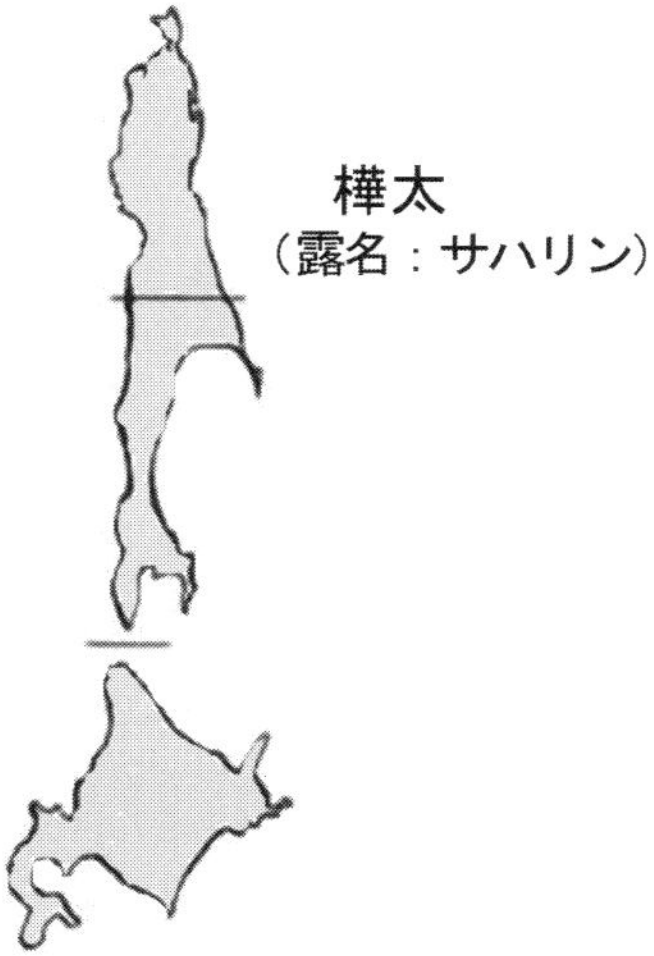

樺太《からふと》および千島《ちしま》には、ロシア連邦《れんぽう》が、
サハリン州《しゅう》を置《お》いています。

（ロ）平成19年現在の樺太

樺太《からふと》は、北海道《ほっかいどう》より少《すこ》し小《ちい》さく、東北地方《とうほくちほう》全体《ぜんたい》より少《すこ》し大《おお》きな島《しま》です。

樺太《からふと》は、北緯《ほくい》50度《ど》を境界《きょうかい》として、北側《きたがわ》を北《きた》樺太《からふと》、南側《みなみがわ》を南樺太《みなみからふと》と呼《よ》びます。北樺太《きたからふと》は、ロシア連邦《れんぽう》の領土《りょうど》ですが、南樺太《みなみからふと》は国際法上《こくさいほうじょう》、いかなる国《くに》にも属《ぞく》さない所属未定地《しょぞくみていち》です。

樺太《からふと》は、露名《ろめい》では、サハリンと呼《よ》ばれます。近年《きんねん》、国内報道機関《こくないほうどうきかん》の多《おお》くは、樺太《からふと》という日本名《にほんめい》を使用《しよう》せず、サハリンという露名《ろめい》を使用《しよう》する傾向《けいこう》を強《つよ》めています。

（八）水平線上に浮かぶ樺太

北海道《ほっかいどう》の宗谷岬《そうやみさき》から樺太《からふと》の西能登呂岬《にしのとろみさき》までの距離《きょり》は、わずかに43キロメートルです。双方《そうほう》の岬《みさき》の間《あいだ》に橋《はし》が架《か》かっているとすれば、その距離《きょり》は、小中学生《しょうちゅうがくせい》が自転車《じてんしゃ》に乗《の》って2時間《じかん》から3時間《じかん》で走《はし》れる長《なが》さです。（晴天下《せいてんか》、宗谷岬《そうやみさき》に行《い》くと、肉眼《にくがん》でも樺太《からふと》を見《み》ることが出来《でき》ます）

江戸時代《えどじだい》、北海道《ほっかいどう》が蝦夷地《えぞち》と呼《よ》ばれていた頃《ころ》、蝦夷地《えぞち》のすぐ北《きた》に位置《いち》する樺太《からふと》は、北《きた》蝦夷地《えぞち》と呼《よ》ばれ、その南部《なんぶ》には、日本人居住地《にほんじんきょじゅうち》が存在《そんざい》しました。それほど、近《ちか》かったのです。

目　次

第１章　樺太の概略史

（イ）樺太とオホーツク文化

7世紀前半《せいきぜんはん》に至《いた》るまでの樺太《からふと》に関《かん》しては、不明《ふめい》な点《てん》も多《おお》く、確定的《かくていてき》なことは分《わ》かりません。先住民族《せんじゅうみんぞく》である樺太《からふと》アイヌ、ウィルタおよびニヴフなどは、その頃《ころ》までに、狩猟《しゅりょう》および漁労《ぎょろう》を基盤《きばん》としたオホーツク文化《ぶんか》を形成《けいせい》していたようです。その文化《ぶんか》は、樺太《からふと》、北海道北部《ほっかいどうほくぶ》および千島列島広域《ちしまれっとうこういき》を、その圏内《けんない》に収《おさ》め、関連《かんれん》の出土品《しゅつどひん》から、大陸《たいりく》の人々《ひとびと》と何《なん》らかの関係《かんけい》を持《も》っていたものと考《かんが》えられます。（この文化《ぶんか》は、熊《くま》を重要視《じゅうようし》しており、後世《こうせい》のアイヌ文化《ぶんか》へ強《つよ》い影響《えいきょう》を与《あた》えた可能性《かのうせい》があります）

（ロ）樺太にまで及んだ中国の影響力

7世紀《せいき》半《なか》ば以降《いこう》、樺太《からふと》は、中国《ちゅうごく》の王朝《おうちょう》（唐《とう》、元《げん》、明《みん》、清《しん》）から、朝貢《ちょうこう》という形式《けいしき》で、強《つよ》い影響《えいきょう》を受《う》けるようになります。この影響《えいきょう》は、途中《とちゅう》、途切《とぎ》れることもありましたが、中国最後《ちゅうごくさいご》の王朝《おうちょう》である清朝《しんちょう》が19世紀《せいき》半《なか》ばに完全《かんぜん》に弱体化《じゃくたいか》するまで続《つづ》きました。

元朝《げんちょう》は、13世紀《せいき》から、樺太《からふと》に大軍《たいぐん》を派遣《はけん》し、樺太《からふと》アイヌを屈服《くっぷく》させましたが、他《た》の王朝《おうちょう》の樺太《からふと》への干渉《かんしょう》は、おおむね武力行使《ぶりょくこうし》を伴《ともな》わない平和的《へいわてき》なものでした。その結果《けっか》、樺太《からふと》における村落的自治《そんらくてきじち》は維持《いじ》されました。

（ハ）樺太と接触し始めた日本

日本《にほん》がいつごろから樺太《からふと》と接触《せっしょく》し始《はじ》めたのかということを明確《めいかく》に伝《つた》える資料《しりょう》はありません。しかし、オホーツク文化《ぶんか》に関連《かんれん》する出土《しゅつど》品《ひん》の中《なか》には、本州《ほんしゅう》の物品《ぶっぴん》も含《ふく》まれており、このことから、日本《にほん》は、7世紀前後《せいきぜんご》までに、樺太《からふと》と何《なん》らかの繋《つな》がりを持《も》っていた可能性《かのうせい》があります。（樺太《からふと》の本斗町《ほんとまち》「露名《ろめい》：ネベリスク市《し》」には、13世紀終盤《せいきしゅうばん》、日蓮聖人《にちれんしょうにん》の弟子《でし》日持上人《にちじしょうにん》が、布教《ふきょう》のため、上陸《じょうりく》したとの言《い》い伝《つた》えがあります。これに基《もと》づき、後《のち》に、豊原市《とよはらし》には、上人《しょうにん》の銅像《どうぞう》が建立《こんりゅう》されました）

（二）松前藩の樺太進出

江戸時代《えどじだい》、北海道《ほっかいどう》を支配《しはい》していた松前氏《まつまえし》は、17世紀《せいき》に入《はい》る直前《ちょくぜん》まで、蠣崎姓《かきざきせい》を名乗《なの》っていました。一説《いっせつ》によると、松前氏《まつまえし》は、まだ蠣崎《かきざき》姓《せい》であったころ、樺太《からふと》アイヌの首長《しゅちょう》から貢《みつ》ぎ物《もの》を受《う》け取《と》り、樺太《からふと》を自身《じしん》の支配下《しはいか》に置《お》いたと言《い》われています、しかし、この説《せつ》は、記録《きろく》上確実《じょうかくじつ》とは言《い》い切《き》れません。

松前氏《まつまえし》の一行《いっこう》が、確実《かくじつ》に樺太《からふと》に上陸《じょうりく》を果《は》たしたとされている最古《さいこ》の記録《きろく》としては、寛永《かんえい》12年《ねん》（一六三五年《ねん》）に松前公広《まつまえきんひろ》が派遣《はけん》した樺太調査隊《からふとちょうさたい》が挙《あ》げられます。

（ホ）松前藩の緩やかな樺太統治

寛永《かんえい》12年《ねん》（一六三五年《ねん》）以降《いこう》、松前藩《まつまえはん》は、樺太《からふと》の調査《ちょうさ》に力《ちから》を入《い》れ始《はじ》めます。のちに松前藩《まつまえはん》は、自分《じぶん》の藩《はん》の領内《りょうない》に樺太《からふと》を組《く》み込《こ》む形《かたち》で、所領地図《しょりょうちず》を作成《さくせい》し、これを幕府《ばくふ》に提出《ていしゅつ》します。この地図《ちず》に基《もと》づき、正保元年《しょうほうがんねん》（一六四四年《ねん》）、幕府作成《ばくふさくせい》の日本地図《にほんちず》「正保《しょうほう》御国絵図《ごこくえず》」には、樺太《からふと》が含《ふく》められました。

（松前藩《まつまえはん》は、幕府《ばくふ》に、樺太《からふと》を統治《とうち》しているのは自分《じぶん》の藩《はん》であると届《とど》け出《で》ましたが、実際《じっさい》には、統治《とうち》と言《い》うより、宗谷《そうや》・白主《しらぬし》の会所《かいしょ》を通《とお》しての対《たい》アイヌ貿易《ぼうえき》に近《ちか》かったようです）

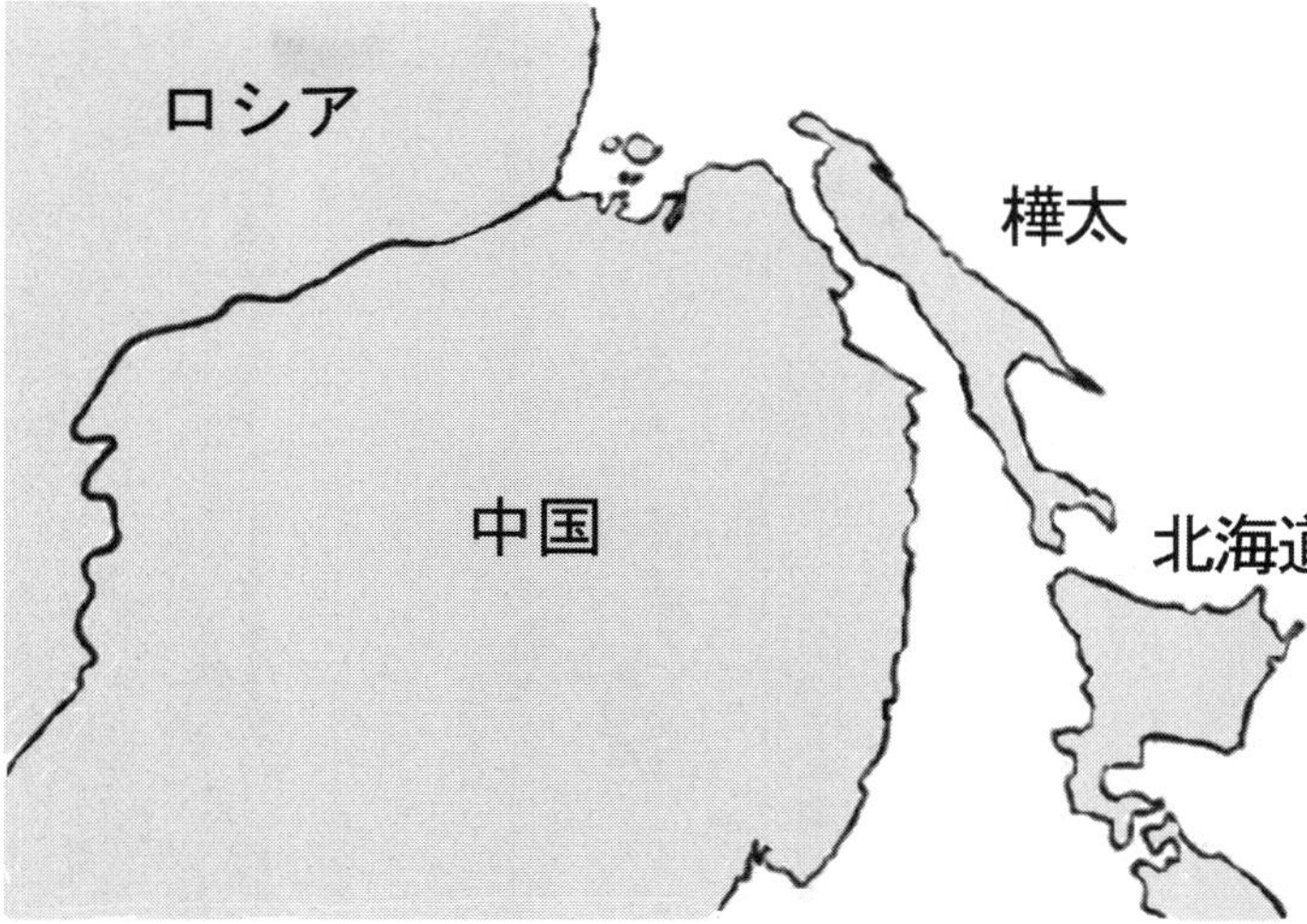

（へ）樺太対岸地域における中露対立と中国の領土防衛

16世紀《せいき》後半《こうはん》よりシベリア征服《せいふく》を始《はじ》めたロシア帝国《ていこく》は、17世紀《せいき》までにロマノフ朝《ちょう》ロシア帝国《ていこく》となり、その勢力《せいりょく》を、樺太対岸地域《からふとたいがんちいき》である黒竜江左岸《こくりゅうこうさがん》にまで拡大《かくだい》させていきます。ロシア帝国《ていこく》の膨張傾向《ぼうちょうけいこう》に不満《ふまん》を持《も》っていた中国《ちゅうごく》の清朝《しんちょう》は、17世紀半《せいきなか》ばより、左岸地域《さがんちいき》におけるロシア勢力《せいりょく》の討伐《とうばつ》に乗《の》り出《だ》します。一六八九年《ねん》、時《とき》の清朝天子康熙帝《しんちょうてんしこうきてい》は、ロシア領内《りょうない》に大軍《たいぐん》を送《おく》り込《こ》み、この威嚇《いかく》に屈服《くっぷく》したロマノフ朝《ちょう》は、左岸地域《さがんちいき》から手《て》を引《ひ》くこととなったのです。

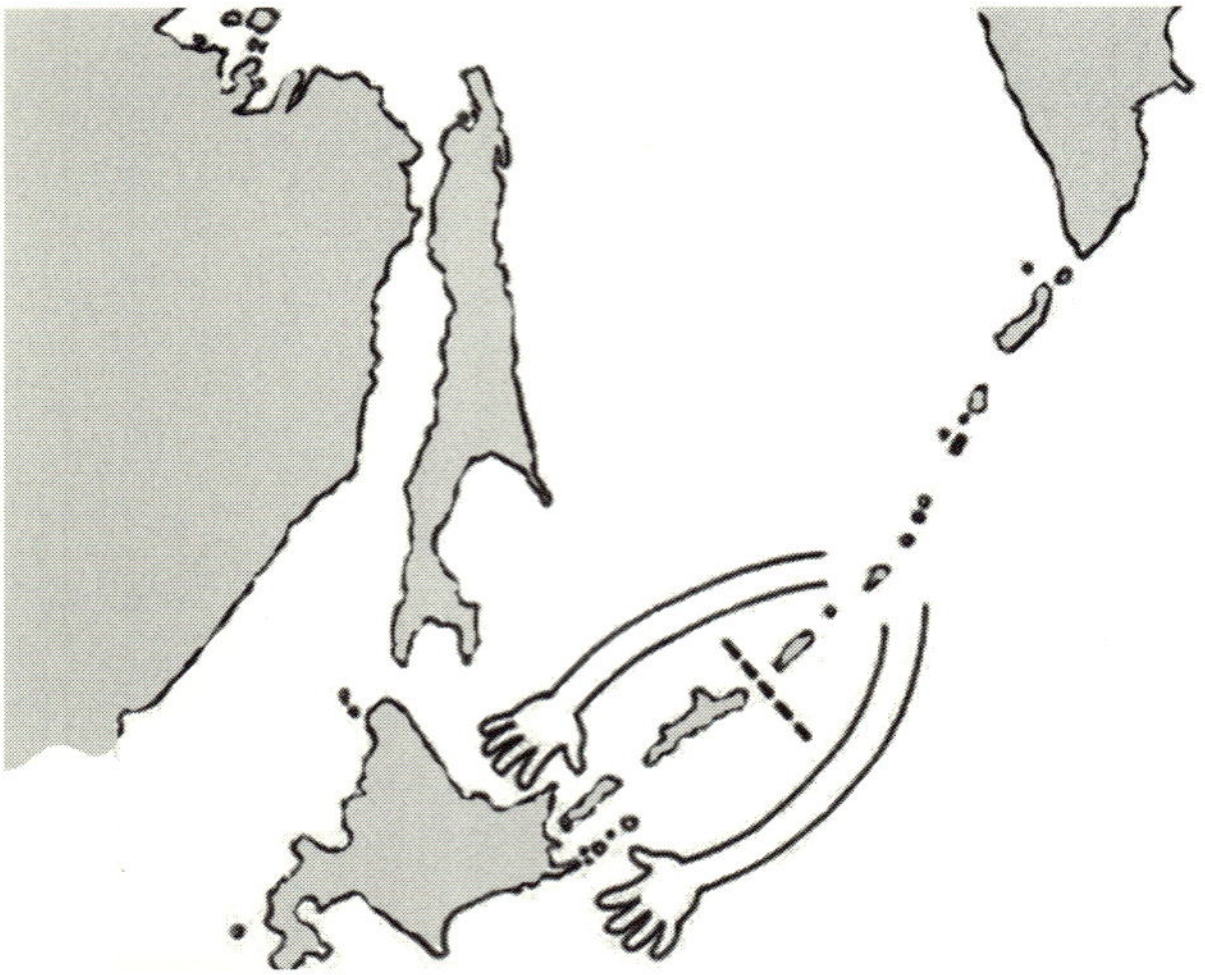

（ト）北千島を経由し、北海道へ迂回南下して来たロシア

清朝《しんちょう》に敗北《はいぼく》を喫《きっ》したロマノフ朝《ちょう》ロシア帝国《ていこく》は、黒竜江左岸《こくりゅうこうさがん》からは撤退《てったい》しましたが、他地域《たちいき》への膨張《ぼうちょう》は継続《けいぞく》させます。シベリアを征服《せいふく》したロマノフ朝《ちょう》は、カムチャツカ半島《はんとう》占領《せんりょう》後《ご》、南方進出《なんぽうしんしゅつ》を加速《かそく》させ、18世紀前半《せいきぜんはん》、北千島最北端《きたちしまさいほくたん》の占守島《しゅむしゅとう》に到達《とうたつ》します。ロシア帝国《ていこく》は、同世紀後半《どうせいきこうはん》には、その勢力《せいりょく》を北千島《きたちしま》最南端《さいなんたん》の得撫島《うるっぷとう》にまで拡張《かくちょう》させ、安永《あんえい》7年《ねん》（一七七八年《ねん》）には、幕府《ばくふ》に対《たい》し通商《つうしょう》を求《もと》め、ついに、北海道根室半島《ほっかいどうねむろはんとう》にまでやって来《き》たのです。

北海道《ほっかいどう》・樺太《からふと》（松前藩領《まつまえはんりょう》）

江戸幕府《えどばくふ》の松前藩北方《まつまえはんほっぽう》↓防備能力《ぼうびのうりょく》に対《たい》する疑問《ぎもん》

北海道《ほっかいどう》・樺太《からふと》
（江戸幕府直轄地《えどばくふちょっかつち》）

（チ）幕府の北海道・樺太政策の転換

18世紀《せいき》、北海道《ほっかいどう》および樺太《からふと》を支配《しはい》していた松前氏《まつまえし》は、両地域《りょうちいき》に関《かん》する情報《じょうほう》の多《おお》くを秘密《ひみつ》にしていました。両島《りょうとう》の無防備《むぼうび》を知《し》っていた幕府《ばくふ》は、現地調査《げんちちょうさ》を開始《かいし》し、ロシアが北海道《ほっかいどう》に到達《とうたつ》していた事実《じじつ》を確認《かくにん》します。幕府《ばくふ》は、松前藩《まつまえはん》が、ロシア来航《らいこう》の一大事《いちだいじ》を隠《かく》していたことなどを知《し》ると、同藩《どうはん》の北方防備能力《ほっぽうぼうびのうりょく》に疑問《ぎもん》を持《も》ち始《はじ》めます。この結果《けっか》、寛政《かんせい》11年《ねん》（一七九九年《ねん》）から文化《ぶんか》4年《ねん》（一八〇七年《ねん》）までに、北海道《ほっかいどう》・樺太《からふと》は、松前藩《まつまえはん》を離《はな》れ、幕府《ばくふ》の直轄地《ちょっかつち》となりました。

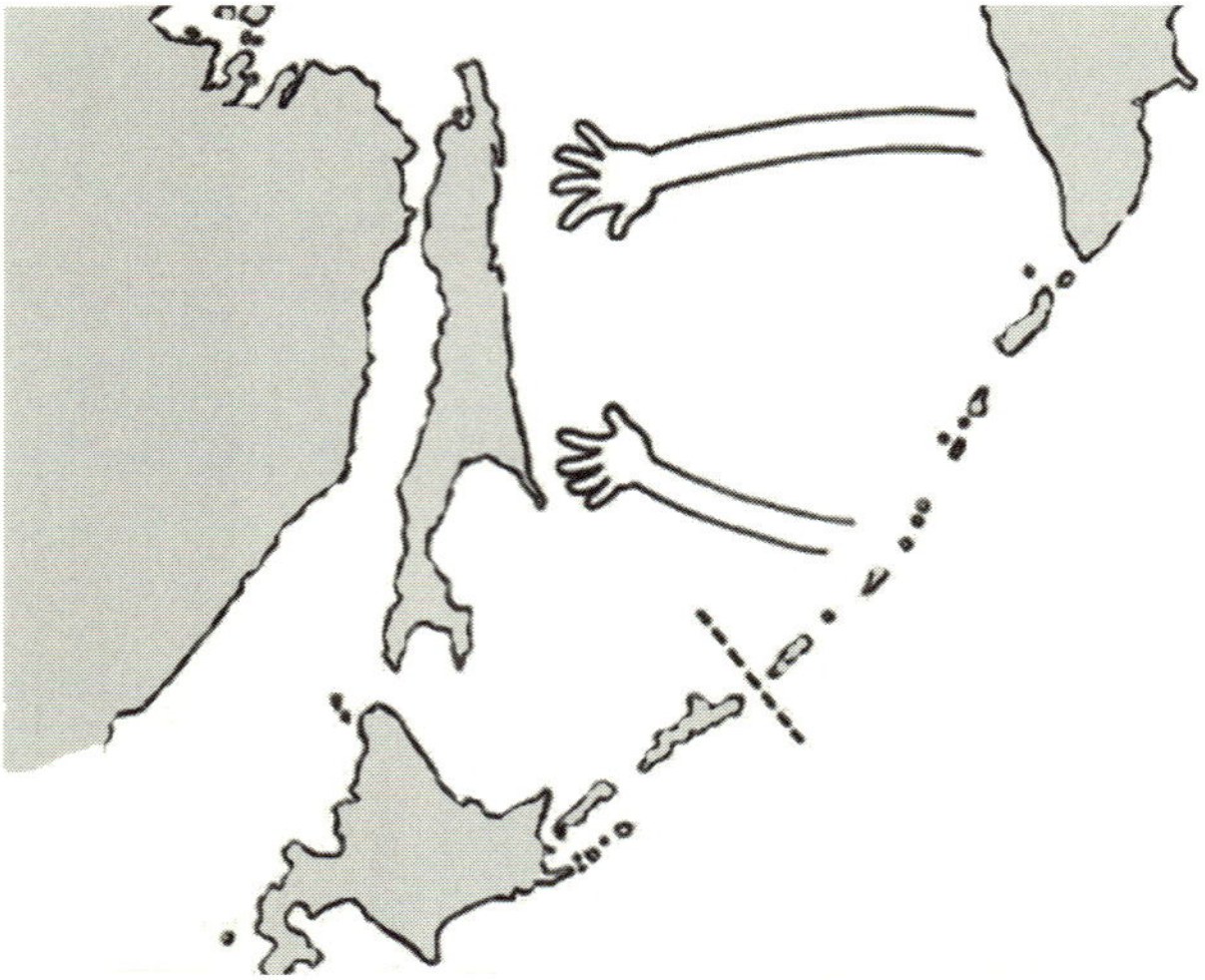

（リ）北千島を経由し、樺太へ迂回南下して来たロシア

北千島《きたちしま》までをその勢力圏内《せいりょくけんない》に納《おさ》めていたロマノフ朝《ちょう》ロシア帝国《ていこく》は、南千島《みなみちしま》、北海道《ほっかいどう》に到達《とうたつ》したのち、19世紀《せいき》には、樺太《からふと》へも関心《かんしん》を持《も》ち始《はじ》めます。文化《ぶんか》2年《ねん》（一八〇五年《ねん》）、対日《たいにち》ロシア使節《しせつ》レザノフは、調査《ちょうさ》のため、樺太《からふと》へ上陸《じょうりく》しています。また、文化《ぶんか》3年《ねん》には、幕府《ばくふ》に通商《つうしょう》を断《ことわ》られたことに腹《はら》を立《た》てた露軍将校《ろぐんしょうこう》の一派《いっぱ》が、対日報復《たいにちほうふく》のため、樺太《からふと》の久春古丹《くしゅんこたん》（現在《げんざい》の大泊《おおどまり》「露名《ろめい》：コルサコフ」）に上陸《じょうりく》し、日本人居住地《にほんじんきょじゅうち》焼き払《はら》い、番人拉致《ばんにんらち》、火事場泥棒《かじばどろぼう》などをおこないました。

（ヌ）先発、間宮林蔵の間宮海峡公式発見

文化《ぶんか》6年《ねん》（一八〇九年《ねん》）、茨城県出身《いばらきけんしゅっしん》の間宮林蔵《まみやりんぞう》は、アイヌと共《とも》に、北樺太《きたからふと》ノテトに到着《とうちゃく》しました。ノテトの人々《ひとびと》と親睦《しんぼく》を深《ふか》めた林蔵《りんぞう》は、今度《こんど》はノテトの人々《ひとびと》に案内《あんない》され、北《きた》樺太《からふと》ナニヲーにたどり着《つ》き、樺太《からふと》が島《しま》であることを発見《はっけん》します。これは、国家統治機関《こっかとうちきかん》から派遣《はけん》された人物《じんぶつ》が、公式《こうしき》に、樺太《からふと》が島《しま》であることを宣言《せんげん》した世界初《せかいはつ》の例《れい》です。のち、オランダ人医師《じんいし》（本当《ほんとう》はドイツ人医師《じんいし》）シーボルトは、林蔵《りんぞう》の発見《はっけん》を偉業《いぎょう》と称《たた》え、樺太《からふと》と大陸《たいりく》との間《あいだ》の海峡《かいきょう》を、間宮海峡《まみやかいきょう》と名付《なづ》けました。

（ル）後発、ゲンナジー・ネヴェリスコイの間宮海峡遭遇

ロマノフ朝《ちょう》ロシア帝国《ていこく》東《ひがし》シベリア総督《そうとく》ニコライ・ムラヴィヨフは、黒竜江《こくりゅうこう》河口《かこう》対岸《たいがん》に土地《とち》（樺太《からふと》）が存在《そんざい》し、その土地《とち》は、古来《こらい》より日本《にほん》と深《ふか》い関係《かんけい》を持《も》っていたことを知《し》っていましたが、可能《かのう》であれば、その土地《とち》（樺太《からふと》）をロシアに編入《へんにゅう》しようと考《かんが》えていました。嘉永《かえい》2年《ねん》（一八四九年《ねん》）、総督《そうとく》は、露軍将校《ろぐんしょうこう》ネヴェリスコイを樺太《からふと》に派遣《はけん》し、ネヴェリスコイは、間宮海峡《まみやかいきょう》に遭遇《そうぐう》しました。この遭遇《そうぐう》により、遅《おく》ればせながら、ロシアも樺太《からふと》が島《しま》であることを知《し》ったのです。

（ヲ）エフィム・プチャーチン来航

嘉永《かえい》6年《ねん》（一八五三年《ねん》）、ロシア海軍提督《かいぐんていとく》エフィム・プチャーチンが、通商《つうしょう》などを求《もと》めて、長崎《ながさき》に来航《らいこう》します。提督《ていとく》は、日本側交渉《にほんがわこうしょう》責任者《せきにんしゃ》の川路聖謨《かわじとしあきら》らとの会見中《かいけんちゅう》、終始《しゅうし》、話《はな》し合《あ》いによる解決策《かいけつさく》を模索《もさく》し、武力《ぶりょく》による威嚇《いかく》は一切《いっさい》おこないませんでした。ちなみに、同年《どうねん》、浦賀《うらが》に来航《らいこう》したアメリカのペリー提督《ていとく》は、武力《ぶりょく》を背景《はいけい》とした軍艦外交《ぐんかんがいこう》をおこない、日本《にほん》に対《たい》し無礼極《ぶれいきわ》まりない態度《たいど》をとりました。傲慢《ごうまん》なペリーは、礼節《れいせつ》を心得《こころえ》たプチャーチンとは、大《おお》いに異《こと》なった人物《じんぶつ》であったのです。

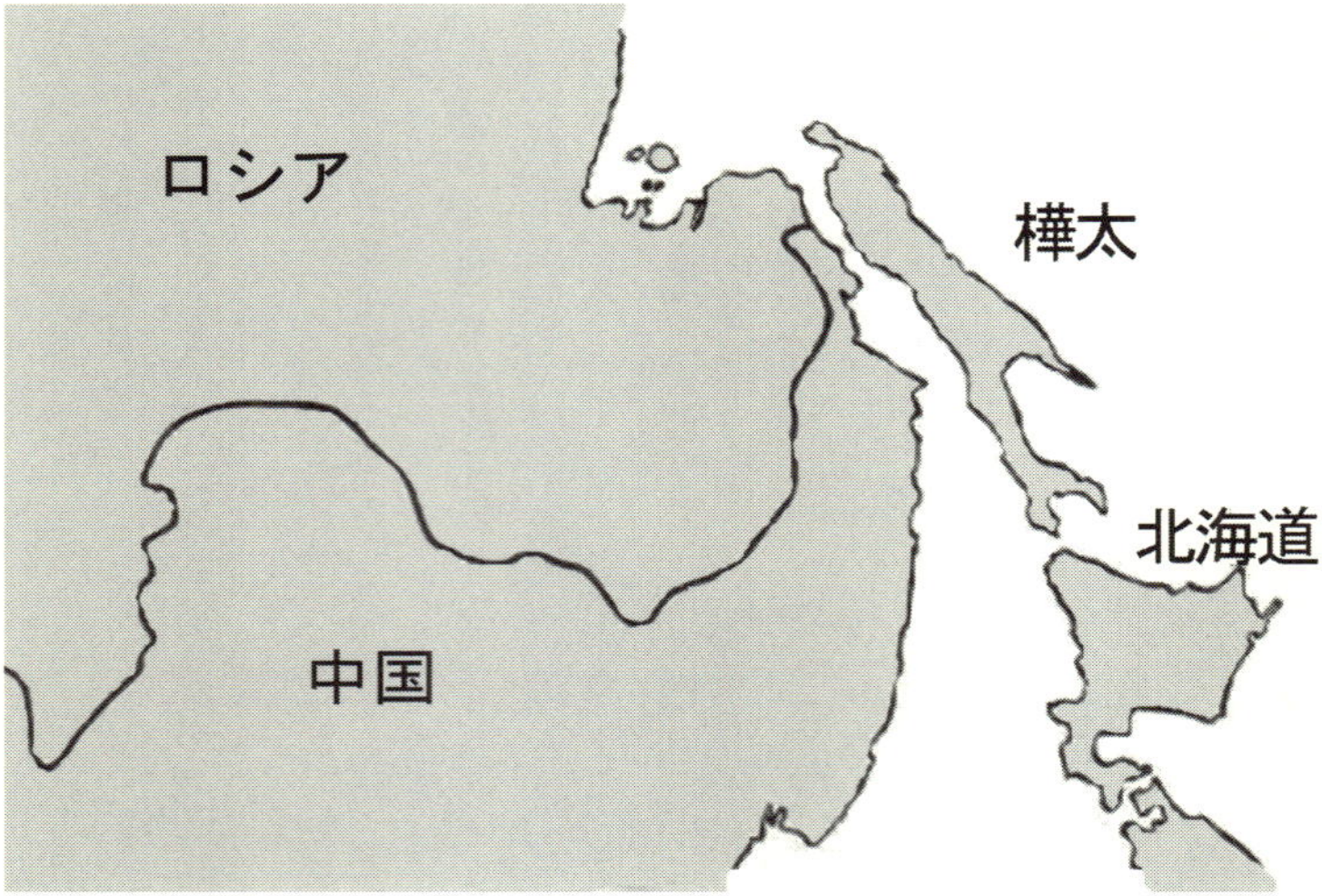

（ワ）樺太対岸地域における中露対立とロシアの黒竜江左岸占領

大清帝国《だいしんていこく》と呼《よ》ばれ、華々《はなばな》しい繁栄《はんえい》をとげていた中国《ちゅうごく》も、19世紀《せいき》に入《はい》り、衰退《すいたい》を開始《かいし》します。一八四二年《ねん》、英国《えいこく》との戦争《せんそう》に敗《やぶ》れた中国《ちゅうごく》は、南京条約《なんきんじょうやく》を結《むす》ばされ、その弱体化《じゃくたいか》を加速《かそく》させます。この弱体化《じゃくたいか》を好機《こうき》と考《かんが》えたロシアは、中国《ちゅうごく》への干渉《かんしょう》に乗《の》り出《だ》し、一八五八年《ねん》、東《ひがし》シベリア総督《そうとく》のニコライ・ムラヴィヨフは、中国《ちゅうごく》に瑷琿条約《あいぐんじょうやく》を押《お》し付《つ》けます。同条約《どうじょうやく》により、元来《がんらい》中国領《ちゅうごくりょう》であった樺太対岸地域《からふとたいがんちいき》の黒竜江左岸《こくりゅうこうさがん》は、ロシア帝国《ていこく》に占領《せんりょう》されたのです。

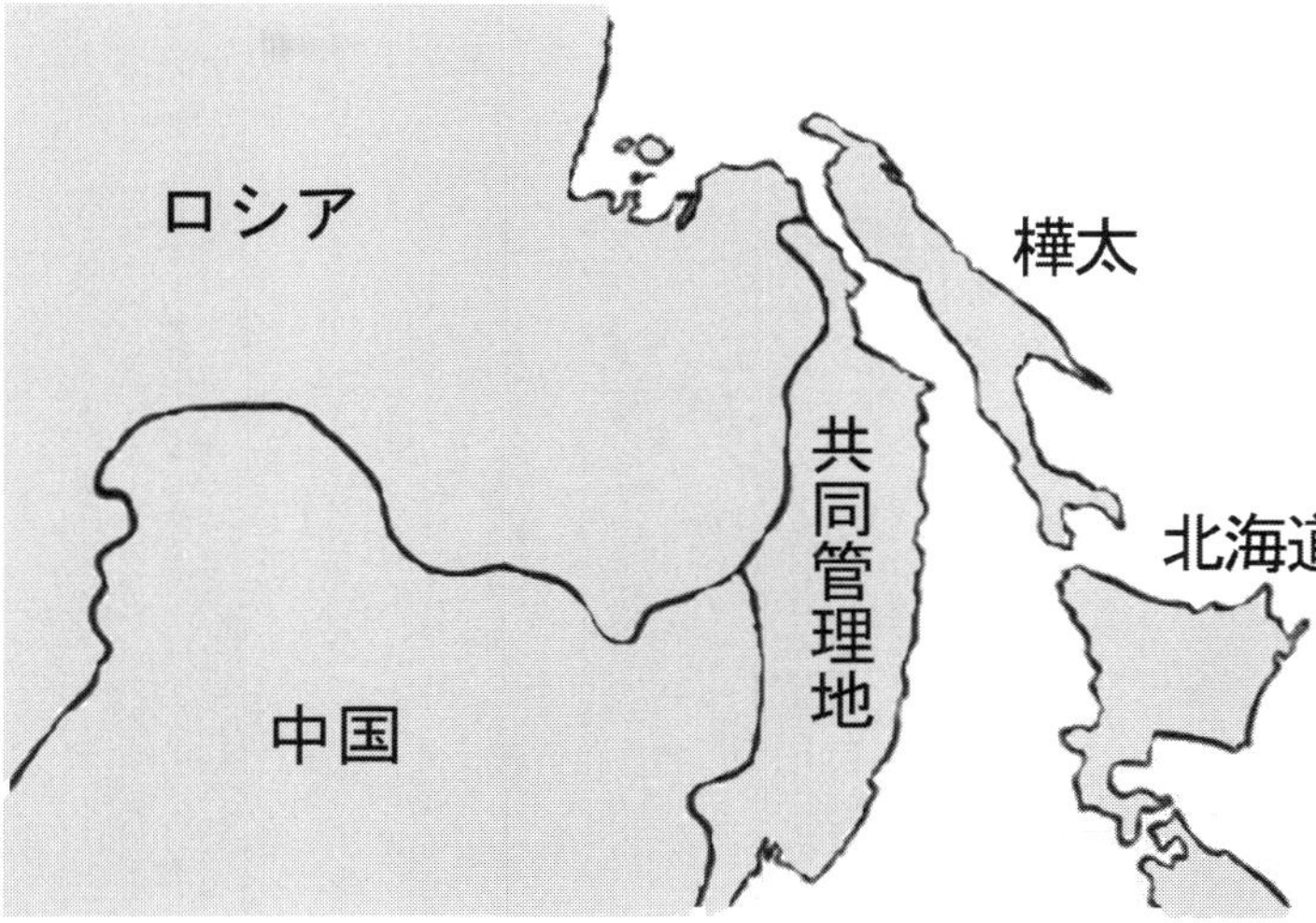

（カ）樺太対岸地域における中露対立とロシアの沿海州共同管理地化

ロマノフ朝《ちょう》ロシア帝国《ていこく》が、中国《ちゅうごく》の清朝《しんちょう》に押《お》し付《つ》けた瑷琿条約《あいぐんじょうやく》には、中国《ちゅうごく》はロシア帝国《ていこく》の黒竜江左岸占領《こくりゅうこうさがんせんりょう》を認《みと》めるという項目以外《こうもくいがい》に、中国《ちゅうごく》はロシア帝国《ていこく》の沿海州共同管理《えんかいしゅうきょうどうかんり》を容認《ようにん》するという項目《こうもく》も含《ふく》まれていました。これは、樺太対岸《からふとたいがん》に位置《いち》する黒竜江左岸《こくりゅうこうさがん》および沿海州《えんかいしゅう》の両地域《りょうちいき》が、それぞれ、ロシア領《りょう》および半《はん》ロシア領《りょう》となったことを意味《いみ》します。（間宮《まみや》海峡《かいきょう》を挟《はさ》みロシア領《りょう》と対峙《たいじ》することとなった樺太《からふと》は、膨張国家《ぼうちょうこっか》の圧力《あつりょく》に直接晒《ちょくせつさら》されることとなったのです）

（ヨ）ニコライ・ムラヴィヨフ来航

安政元年《あんせいがんねん》（一八五五年《ねん》）、ロシアのプチャーチン提督《ていとく》が、再来日《さいらいにち》し、日本側代表《にほんがわだいひょう》の川路《かわじ》聖謨《としあきら》らとの辛抱強《しんぼうづよ》い交渉《こうしょう》の結果《けっか》、日露和親《にちろわしん》条約《じょうやく》が成立《せいりつ》しました。この条約《じょうやく》により、樺太《からふと》南部《なんぶ》の日本人居住地《にほんじんきょじゅうち》は、日本領《にほんりょう》であることなどが確定《かくてい》しました、しかし、樺太全土《からふとぜんど》を欲《ほっ》していた東《ひがし》シベリア総督《そうとく》ムラヴィヨフは、安政《あんせい》6年《ねん》（一八五九年《ねん》）、艦隊《かんたい》を率《ひき》いて品川《しながわ》に来航《らいこう》し、樺太全土《からふとぜんど》は露領《ろりょう》であると主張《しゅちょう》しました。幕府《ばくふ》は、この主張《しゅちょう》を完全《かんぜん》に拒否《きょひ》し、ムラヴィヨフは、退散《たいさん》したのでした。

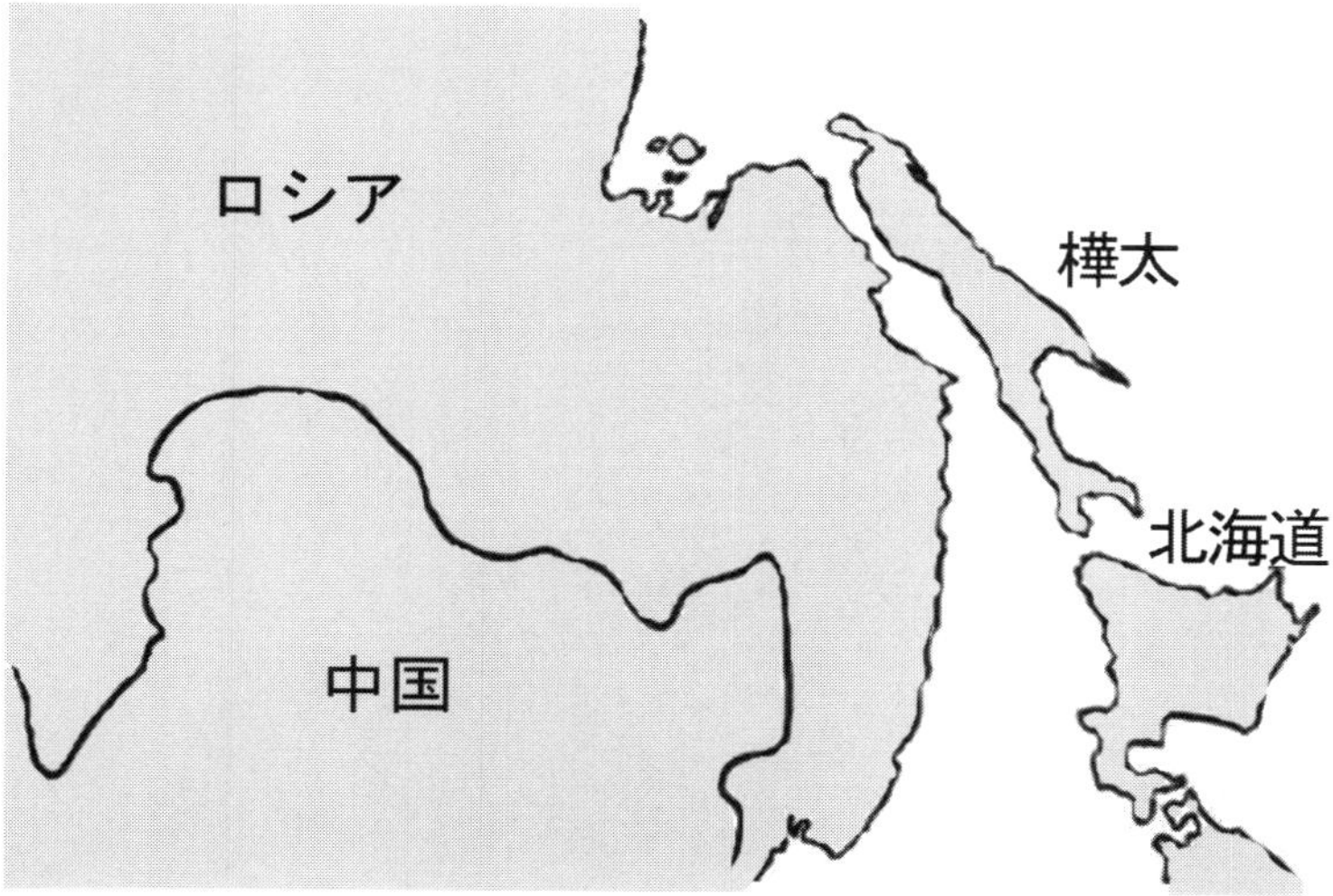

（タ）樺太対岸地域における中露対立とロシアの沿海州占領

一八六〇年《ねん》、英仏連合軍《えいふつれんごうぐん》は、弱体化《じゃくたいか》の一途《いっと》をたどっていた清朝《しんちょう》の混乱《こんらん》に付《つ》け込《こ》み、北京《ぺきん》を占領《せんりょう》します。連合軍《れんごうぐん》は、贅《ぜい》を極《きわ》めた清朝《しんちょう》の離宮《りきゅう》（円明園《えんめいえん》）を略奪後《りゃくだつご》、その事実《じじつ》を隠《かく》すため、世界的財産《せかいてきざいさん》ともいえる円明園《えんめいえん》を焼《や》き払《はら》います。ロシアは、これを好機到来《こうきとうらい》ととらえ、英仏《えいふつ》と共《とも》に、中国《ちゅうごく》に北京条約《ぺきんじょうやく》を押《お》し付《つ》けます。この条約《じょうやく》の結果《けっか》、樺太対岸地域《からふとたいがんちいき》の沿海州《えんかいしゅう》は、黒竜江左岸《こくりゅうこうさがん》と共《とも》に、完全《かんぜん》な露領《ろりょう》となり、樺太《からふと》に対《たい》するロシアの膨張圧力《ぼうちょうあつりょく》は、一層《いっそう》強烈《きょうれつ》なものとなったのです。

（レ）樺太一周に成功した岡本監輔

元治元年《げんじがんねん》（一八六四年《ねん》）、徳島県出身《とくしまけんしゅっしん》の岡本監輔《おかもとけんすけ》は、樺太《からふと》に渡《わた》ります。現地《げんち》で越年《えつねん》した岡本《おかもと》は、翌年《よくとし》（慶応元年《けいおうがんねん》）夏《なつ》、樺太東側《からふとひがしがわ》を北上《ほくじょう》し、同島北端《どうとうほくたん》のガオト岬《みさき》に到着《とうちゃく》します。その岬《みさき》に大日本領《だいにほんりょう》と記《しる》した標柱《ひょうちゅう》を建《た》てた岡本《おかもと》は、間宮海峡《まみやかいきょう》を経由《けいゆ》し、樺太西海岸《からふとにしかいがん》を南下《なんか》、最後《さいご》に出発地《しゅっぱつち》の久春古丹《くしゅんこたん》に戻《もど》ります。これは、樺太一周《からふといっしゅう》に成功《せいこう》した世界最古《せかいさいこ》の記録《きろく》です（この地方視察《ちほうしさつ》には、現地勤務《げんちきんむ》の西村伝九郎《にしむらでんくろう》が同行《どうこう》し、視察後《しさつご》、西村《にしむら》は、樺太巡回記《からふとじゅんかいき》を作成《さくせい》しました）

（ソ）樺太における日露対立とロシアの樺太共同管理地化

慶応《けいおう》2年《ねん》（一八六六年《ねん》）、幕府《ばくふ》は、国境《こっきょう》画定交渉《かくていこうしょう》のため、外国奉行小出秀実《がいこくぶぎょうこいでひでざね》らをロマノフ朝《ちょう》ロシア帝国《ていこく》の首都《しゅと》ペテルブルグに派遣《はけん》します。2か月間《げつかん》におよんだ交渉中《こうしょうちゅう》、ロシア側《がわ》は、軍事力《ぐんじりょく》を背景《はいけい》とした武力外交《ぶりょくがいこう》を展開《てんかい》し、日本側《にほんがわ》を押《お》し切《き》ります。慶応《けいおう》3年《ねん》、押《お》し切《き》られた日本側《にほんがわ》は、樺太島仮規則《からふととうかりきそく》に調印《ちょういん》させられ、プチャーチン提督《ていとく》との交渉《こうしょう》ですでに日本領《にほんりょう》と確定《かくてい》していた亜庭湾周辺地域《あにわわんしゅうへんちいき》などをも含《ふく》む樺太全土《からふとぜんど》は、日露共同管理《にちろきょうどうかんり》の島《しま》とされてしまったのです。

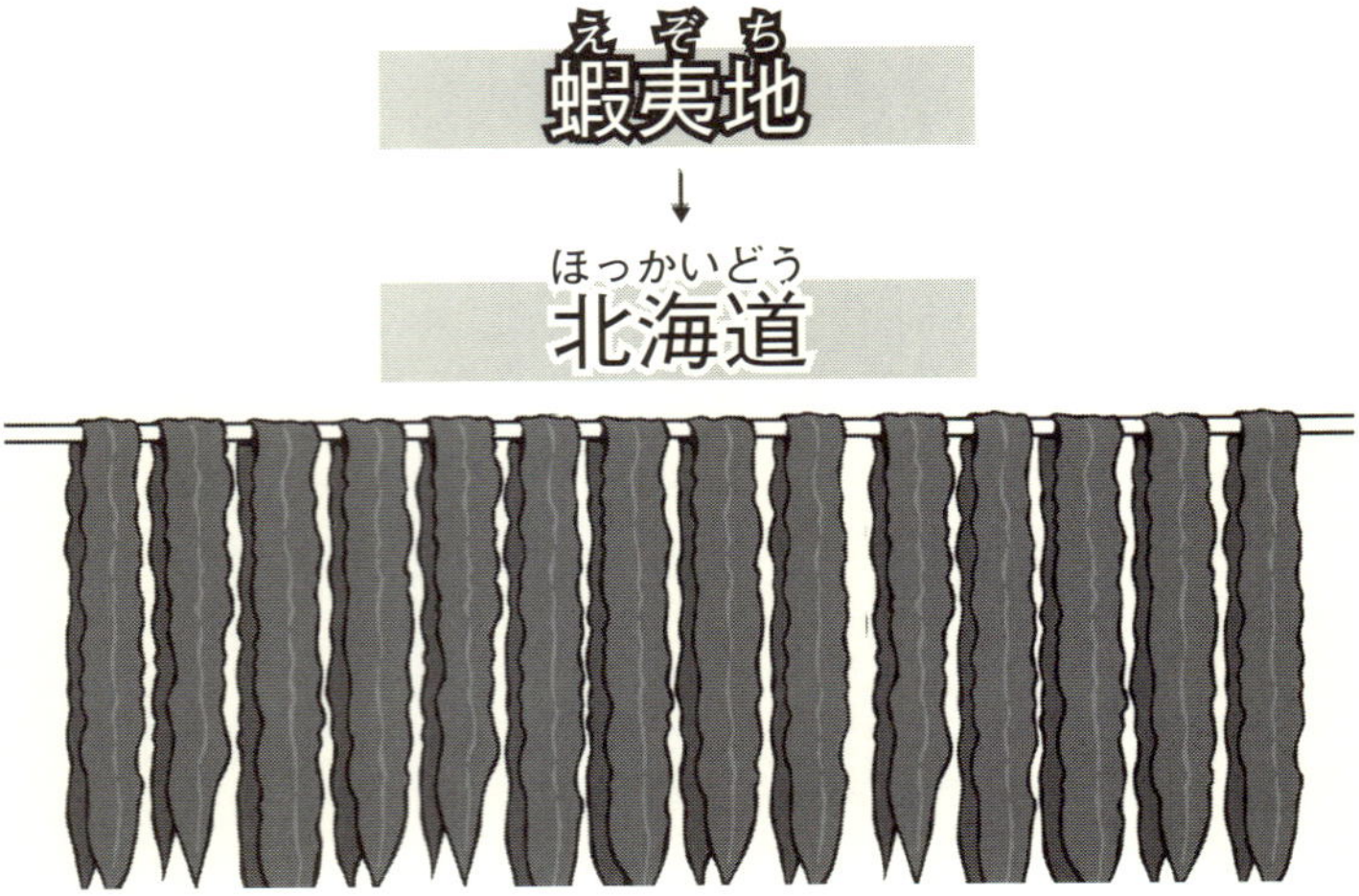

（ツ）明治政府の発足と蝦夷地から北海道への改称

19世紀《せいき》初頭《しょとう》まで、北海道太平洋側《ほっかいどうたいへいようがわ》・千島《ちしま》は、東蝦夷地《ひがしえぞち》と呼《よ》ばれ、北海道日本海側《ほっかいどうにほんかいがわ》・樺太《からふと》は、西蝦夷地《にしえぞち》と呼《よ》ばれました。文化《ぶんか》6年《ねん》（一八〇九年《ねん》）、間宮林蔵《まみやりんぞう》が間宮海峡《まみやかいきょう》を発見《はっけん》した年《とし》、幕府《ばくふ》は、樺太《からふと》の呼称《こしょう》を北蝦夷地《きたえぞち》と決定《けってい》しました。この決定以降《けっていいこう》、江戸幕府《えどばくふ》が倒《たお》され明治《めいじ》政府《せいふ》が樹立《じゅりつ》される直後《ちょくご》まで、一般《いっぱん》に、北海道《ほっかいどう》全島《ぜんとう》を蝦夷地《えぞち》と呼《よ》ぶのに対《たい》して、樺太《からふと》を北《きた》蝦夷地《えぞち》と呼《よ》びました。北海道《ほっかいどう》が現在《げんざい》のように、北海道《ほっかいどう》と呼《よ》ばれるようになったのは、明治《めいじ》2年《ねん》（一八六九年《ねん》）です。

北蝦夷地《きたえぞち》

↓

樺太《からふと》

（ネ）明治政府の発足と北蝦夷地から樺太への改称

明治《めいじ》2年《ねん》（一八六九年《ねん》）、樹立間《じゅりつま》もない明治政府《めいじせいふ》は、蝦夷地《えぞち》の北海道《ほっかいどう》への改称《かいしょう》に伴《ともな》い、北蝦夷地《きたえぞち》の樺太《からふと》への改称《かいしょう》もおこないます。

蝦夷地《えぞち》を北海道《ほっかいどう》と命名《めいめい》したのは、幕末《ばくまつ》から明治《めいじ》にかけての探検家《たんけんか》、松浦武四郎《まつうらたけしろう》ですが、北蝦夷地《きたえぞち》を樺太《からふと》と命名《めいめい》したのも、松浦武四郎《まつうらたけしろう》です。樺太《からふと》の正確《せいかく》な語源《ごげん》は不明《ふめい》ですが、唐人《からひと》が樺太《からふと》に訛《なま》ったとする説《せつ》のほか、アイヌ語《ご》の鰊《にしん》（カラ）および多《おお》い（フト）が合体《がったい》したとする説《せつ》などがあります。また、オロッコ語《ご》が語源《ごげん》であるとする説《せつ》もあります。

開拓使《かいたくし》

設立《せつりつ》：明治《めいじ》２年《ねん》

廃止《はいし》：明治《めいじ》15年《ねん》

※立派な建物が新築された。

※最初から最後まで、事実上、北海道開拓使であった。

（ナ）北海道開拓使

明治《めいじ》2年《ねん》（一八六九年《ねん》）、北海道《ほっかいどう》および樺太《からふと》の開拓《かいたく》を促進《そくしん》させるため、開拓使《かいたくし》が設置《せっち》されます。この役所《やくしょ》は、明治《めいじ》3年前半《ねんぜんはん》から明治《めいじ》4年後半《ねんこうはん》まで、北海道《ほっかいどう》の開拓促進《かいたくそくしん》を主《おも》な業務《ぎょうむ》としたため、その間《かん》、北海道開拓使《ほっかいどうかいたくし》と呼《よ》ばれました。実際《じっさい》、ロマノフ朝《ちょう》ロシア帝国《ていこく》に圧倒《あっとう》され、樺太《からふと》を奪《うば》われかけていた明治政府《めいじせいふ》は、樺太開拓事業《からふとかいたくじぎょう》よりも、北海道開拓事業《ほっかいどうかいたくじぎょう》を優先《ゆうせん》させていきます。そのため、明治《めいじ》15年《ねん》2月《がつ》までつづいた開拓使《かいたくし》は、最初《さいしょ》から事実上《じじつじょう》、北海道開拓使《ほっかいどうかいたくし》であったのかも知《し》れません。

樺太開拓使《からふとかいたくし》

設立《せつりつ》：明治《めいじ》３年《ねん》２月《がつ》13日《にち》

廃止《はいし》：明治《めいじ》４年《ねん》８月《がつ》７日《にち》

※特に新築せず、久春古丹の建物に樺太開拓使という名前を付けたのみであった。

※極寒の現地では、温暖な徳島県出身の岡本監輔が尽力した。

（ラ）樺太開拓使

慶応《けいおう》3年《ねん》（一八六七年《ねん》）の樺太島仮規則《からふととうかりきそく》により、日露共同管理《にちろきょうどうかんり》の島《しま》とされてしまった樺太《からふと》には、日露双方《にちろそうほう》の出先機関《でさききかん》が混在《こんざい》していました。樺太《からふと》の日本側出先機関《にほんがわでさききかん》の最高責任者《さいこうせきにんしゃ》は、樺太一周《からふといっしゅう》に成功《せいこう》した岡本監輔《おかもとけんすけ》でした。岡本《おかもと》は、久春古丹《くしゅんこたん》における樺太開拓使《からふとかいたくし》の創設《そうせつ》などに尽力《じんりょく》しましたが、ロシア側《がわ》の膨張圧力《ぼうちょうあつりょく》および日本側《にほんがわ》の北海道開拓優先《ほっかいどうかいたくゆうせん》政策《せいさく》の板挟《いたばさ》みにあい、現地《げんち》の最高責任者《さいこうせきにんしゃ》を辞任《じにん》しました。その後《ご》、岡本《おかもと》を失《うしな》った樺太《からふと》開拓使《かいたくし》は、創設《そうせつ》より1年《ねん》で廃止《はいし》されました。

（ム）開拓使10年計画

明治《めいじ》3年《ねん》（一八七〇年《ねん》）、樺太専務《からふとせんむ》に任命《にんめい》された黒田清隆開拓次官《くろだきよたかかいたくじかん》は、樺太《からふと》への地方《ちほう》視察《しさつ》に赴《おもむ》きます。黒田次官《くろだじかん》は、開拓魂《かいたくだましい》には富《と》むものの気《き》の荒《あら》い岡本監輔《おかもとけんすけ》に代《か》わり、現地《げんち》のロシア出先機関《でさききかん》との関係《かんけい》を応急処置的《おうきゅうしょちてき》に修復《しゅうふく》します。その後《ご》、北海道地方《ほっかいどうちほう》の視察《しさつ》に赴《おもむ》いた次官《じかん》は、政府《せいふ》に、樺太《からふと》より北海道《ほっかいどう》の開拓《かいたく》を優先《ゆうせん》させるべきであるとの報告《ほうこく》をおこないます。政府《せいふ》は、この報告《ほうこく》に沿《そ》い、北海道開拓《ほっかいどうかいたく》を主《おも》な目的《もくてき》とした開拓使《かいたくし》10年計画《ねんけいかく》を作成《さくせい》します。（総予算一千万円《そうよさんいっせんまんえん》［現在《げんざい》の二千億円相当《にせんおくえんそうとう》］）

露国《ろこく》からの北海道防衛《ほっかいどうぼうえい》

明治政府《めいじせいふ》↓の認識《にんしき》

可能《かのう》

明治政府《めいじせいふ》↓の方針《ほうしん》

北海道開拓《ほっかいどうかいたく》の強化《きょうか》

（ウ）開拓の加速した北海道

明治《めいじ》４年《ねん》（一八七一年《ねん》）、東久世開拓長官《ひがしくぜかいたくちょうかん》の侍従長《じじゅうちょう》への転身《てんしん》にともない、黒田開拓次官《くろだかいたくじかん》が、事実上《じじつじょう》の開拓長官《かいたくちょうかん》となります。（次官《じかん》は、明治《めいじ》７年《ねん》に、正式《せいしき》に開拓長官《かいたくちょうかん》へ昇進《しょうしん》）黒田《くろだ》次官《じかん》は、自《みずか》らが米国政府《べいこくせいふ》より引《ひ》き抜《ぬ》いた農務《のうむ》局長《きょくちょう》ホーレス・ケプロンの助言《じょげん》を参考《さんこう》としながら、開拓使《かいたくし》10年計画《けいかく》を実行《じっこう》に移《うつ》します。計画遂行《けいかくすいこう》に伴《ともな》い、北海道《ほっかいどう》に適《てき》した穀物栽培《こくもつさいばい》、畜産業《ちくさんぎょう》、麦酒業《ばくしゅぎょう》などが整備《せいび》され、このとき、食料自給率《しょくりょうじきゅうりつ》10割《わり》超《ご》えの農業大国《のうぎょうたいこく》・北海道《ほっかいどう》の基礎《きそ》ができました。

露国《ろこく》からの樺太防衛《からふとぼうえい》

明治政府《めいじせいふ》↓の認識《にんしき》

不可能《ふかのう》

明治政府《めいじせいふ》↓の方針《ほうしん》

樺太開拓《からふとかいたく》の断念《だんねん》

[当時《とうじ》の新聞《しんぶん》の論調《ろんちょう》]＜嗚呼《ああ》、樺太《からふと》は放棄《ほうき》せられたり＞

（ヰ）放棄論の加速した樺太

明治政府《めいじせいふ》の北海道開拓優先政策《ほっかいどうかいたくゆうせんせいさく》により、樺太《からふと》は、岡本監輔《おかもとけんすけ》を失《うしな》いました。気性《きしょう》こそ激《はげ》しかったものの、開拓魂《かいたくだましい》に満《み》ち溢《あふ》れ、北方《ほっぽう》事情《じじょう》に精通《せいつう》した岡本不在《おかもとふざい》の樺太《からふと》では、日本側《にほんがわ》形勢不利《けいせいふり》の状態《じょうたい》は、一層悪化《いっそうあっか》しました。

ロマノフ朝《ちょう》ロシア帝国《ていこく》は、樺太《からふと》に、囚人《しゅうじん》、軍人《ぐんじん》、小役人《こやくにん》を次々《つぎつぎ》に送《おく》り込《こ》み、明治政府《めいじせいふ》が、その進出速度《しんしゅつそくど》に対抗《たいこう》できなかったため、政府《せいふ》高官《こうかん》の間《あいだ》では、遠隔地《えんかくち》（樺太《からふと》）の放棄《ほうき》は止《や》むをえないとの意見《いけん》が大勢《たいせい》を占《し》めるようになりました。これを、樺太放棄論《からふとほうきろん》と言《い》います。

（ノ）樺太における日露対立とロシアの樺太占領

明治《めいじ》5年《ねん》（一八七二年《ねん》）、明治政府《めいじせいふ》は、ロマノフ朝《ちょう》に対《たい》し、二百万円《にひゃくまんえん》（今《いま》の価値《かち》では四百億円《よんひゃくおくえん》ぐらい）での樺太買収《からふとばいしゅう》を申《もう》し出《で》ましたが、すでに多数《たすう》の囚人《しゅうじん》の樺太流刑《からふとるけい》を完了《かんりょう》していたロマノフ朝《ちょう》は、自国方形勢有利《じこくがたけいせいゆうり》と判断《はんだん》し、この買収案《ばいしゅうあん》を拒絶《きょぜつ》しました。

明治《めいじ》8年《ねん》（一八七五年《ねん》）、万策尽《ばんさくつ》き果《は》てた明治政府《めいじせいふ》は、ロマノフ朝《ちょう》と、千島樺太交換《ちしまからふとこうかん》条約《じょうやく》を締結《ていけつ》せざるを得《え》なくなり、北千島《きたちしま》18島《とう》と引《ひ》き換《か》えに、樺太《からふと》を放棄《ほうき》したのです。誠《まこと》に残念《ざんねん》な交換《こうかん》でした。

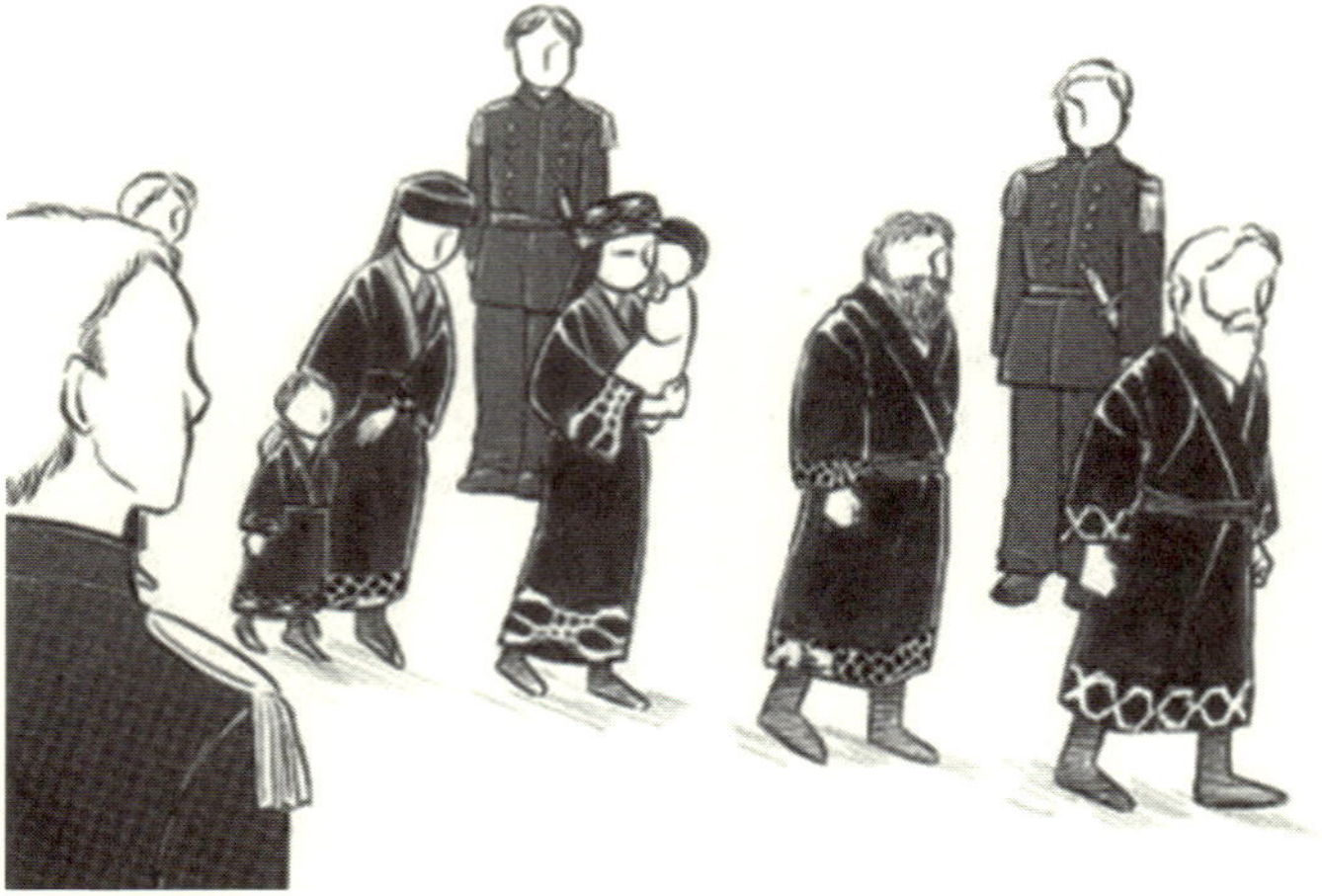

（オ）樺太アイヌの強制移住

樺太《からふと》が完全《かんぜん》なロシア帝国《ていこく》の領土《りょうど》となったため、樺太《からふと》アイヌの帰属《きぞく》は、彼《かれ》ら自身《じしん》の選択《せんたく》に委《ゆだ》ねられました。樺太《からふと》に残留《ざんりゅう》し、露国《ろこく》の民《たみ》となりたい者《もの》は、それが可能《かのう》でしたし、北海道《ほっかいどう》に移住《いじゅう》し、日本《にほん》の民《たみ》となりたい者《もの》は、それが可能《かのう》でした。結果的《けっかてき》に、八五〇名以上《めいいじょう》の人《ひと》が北海道《ほっかいどう》への移住《いじゅう》を希望《きぼう》しました。アイヌは、宗谷移住《そうやいじゅう》を予定《よてい》していましたが、政府《せいふ》は、アイヌが樺太《からふと》・北海道間《ほっかいどうかん》を自由《じゆう》に往来《おうらい》すると、国境《こっきょう》が不明瞭《ふめいりょう》になると判断《はんだん》し、アイヌを対雁《ついしかり》へ強制移住《きょうせいいじゅう》させてしまいました。

（ク）ロマノフ朝《ちょう》30年史〈一八七五 - 一九〇五〉

ロマノフ朝ロシア帝国《ていこく》にとって、極東《きょくとう》の中《なか》の極東《きょくとう》に位置《いち》する樺太《からふと》は、囚人《しゅうじん》、軍人《ぐんじん》、小役人《こやくにん》を送《おく》り込《こ》む流刑地《るけいち》でしかありませんでした。帝政下《ていせいか》の樺太《からふと》では、何《なに》も発展《はってん》せず、作家《さっか》のアントン・チェーホフは、その惨状《さんじょう》を自身《じしん》の著作《ちょさく》の中《なか》で嘆《なげ》いています。（帝政下《ていせいか》においても、樺太《からふと》の漁業《ぎょぎょう》は、日本人《にほんじん》がほぼ独占《どくせん》しており、樺太《からふと》には、数百名以上《すうひゃくめいいじょう》の日本人《にほんじん》が居住《きょじゅう》していました。日本《にほん》は、コルサコフと改名《かいめい》された久春古丹《くしゅんこたん》に領事館《りょうじかん》を開設《かいせつ》し、同館《どうかん》にはチェーホフも表敬訪問《ひょうけいほうもん》しています）

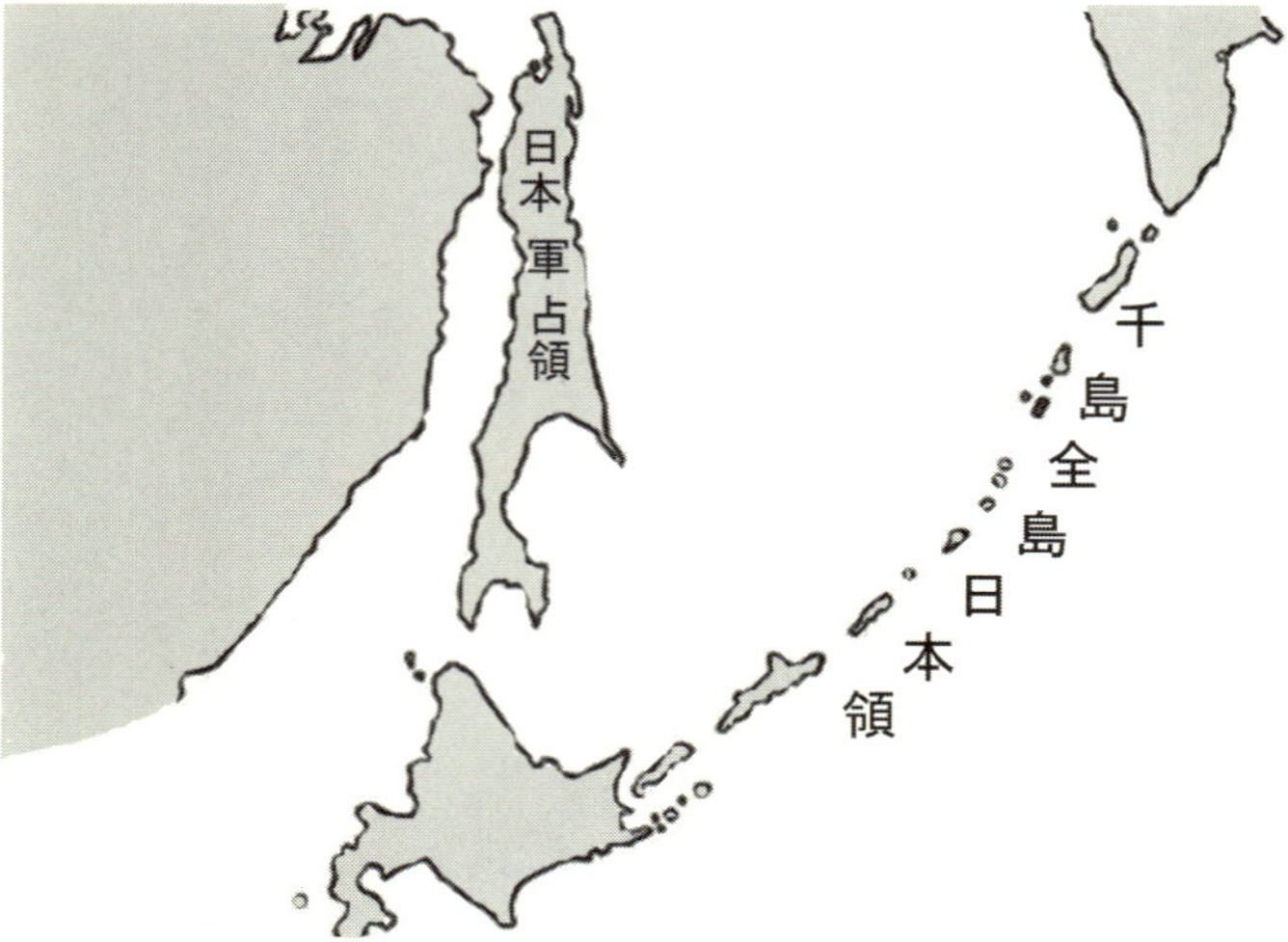

（ヤ）樺太作戦における日本の樺太占領

明治《めいじ》37年《ねん》（一九〇四年《ねん》）、「一列談判破裂《いちれつらんぱんはれつ》して日露戦争始《にちろせんそうはじ》まったさっさと逃《に》げるはロシアの兵《へい》」で知《し》られる日露戦争《にちろせんそう》が開戦《かいせん》します。（右記童歌《うきわらべうた》は、現在歌唱不適切《げんざいかしょうふてきせつ》です）

明治《めいじ》38年《ねん》、陸海《りくかい》で優勢《ゆうせい》に戦《たたか》いを進《すす》めた日本軍《にほんぐん》は、樺太奪還《からふとだっかん》に乗《の》り出《だ》します。原口《はらぐち》兼済中将率《けんせいちゅうじょうひき》いる新設《しんせつ》の第《だい》13師団《しだん》（樺太奪還《からふとだっかん》師団《しだん》［編成地《へんせいち》：仙台《せんだい》］）は、ほとんど無傷《むきず》にて樺太上陸《からふとじょうりく》を果《は》たしたのです。そして、得意《とくい》の焦土戦術《しょうどせんじゅつ》（放火逃走《ほうかとうそう》）に出《で》た露軍《ろぐん》は、ほとんど戦《たたか》うこともなく、7月末日《がつまつじつ》、降参《こうさん》しました。

ロシア帝政下《ていせいか》のアレクサンドロフスク

＜主《おも》な住民《じゅうみん》：囚人《しゅうじん》・軍人《ぐんじん》・小役人《こやくにん》＞

（マ）アレクサンドロフスクの樺太民政署

明治《めいじ》38年《ねん》（一九〇五年《ねん》）8月《がつ》28日《にち》、日本軍《にほんぐん》の樺太全島占領《からふとぜんとうせんりょう》から約一月《やくひとつき》、明治政府《めいじせいふ》は、再度《さいど》の樺太開拓《からふとかいたく》を目指《めざ》して、北樺太《きたからふと》アレクサンドロフスクに、樺太民政署《からふとみんせいしょ》を設置《せっち》します。日本人《にほんじん》にはなじみの深《ふか》い町《まち》、コルサコフ（旧久春古丹《きゅうくしゅんこたん》）においても、樺太民政署《からふとみんせいしょ》の支署《ししょ》が開設《かいせつ》され、30年振《ねんぶ》りに、日本人《にほんじん》の手《て》による樺太開拓《からふとかいたく》が可能《かのう》となったのです。樺太《からふと》民政署初代《みんせいしょしょだい》の長官《ちょうかん》には、熊谷喜一郎《くまがいきいちろう》が就任《しゅうにん》し、長官《ちょうかん》は、樺太《からふと》の政治《せいじ》・経済《けいざい》・文化《ぶんか》の基盤整備《きばんせいび》に尽力《じんりょく》しました。

（ケ）ポーツマス条約における日本の北樺太領有権放棄

明治《めいじ》38年《ねん》（一九〇五年《ねん》）8月《がつ》、アメリカ大統領《だいとうりょう》セオドア・ルーズベルトの呼《よ》びかけにより、日露《にちろ》の戦争状態《せんそうじょうたい》を終《お》わらせるため、アメリカのポーツマス市《し》において、日露講和《にちろこうわ》会議《かいぎ》が開始《かいし》されます。日本側全権《にほんがわぜんけん》は、外相《がいしょう》の小村壽太郎《こむらじゅたろう》、露国側全権《ろこくがわぜんけん》は、セルゲイ・ウィッテです。会議《かいぎ》は難航《なんこう》しましたが、日露双方共《にちろそうほうとも》に戦争《せんそう》を続《つづ》けることが難《むずか》しいと考《かんが》えていたので、その年《とし》の9月《がつ》、まとまりました。このとき日本《にほん》は、平和回復《へいわかいふく》・文化発展《ぶんかはってん》を優先《ゆうせん》させ、北樺太《きたからふと》の露国《ろこく》への譲渡《じょうと》を決《けっ》しました。

帝政下《ていせいか》のコルサコフ

＜主《おも》なロシア人住民《じんじゅうみん》：囚人《しゅうじん》・軍人《ぐんじん》・小役人《こやくにん》＞

＜主《おも》な日本人住民《にほんじんじゅうみん》：漁民《ぎょみん》・外交官《がいこうかん》＞

（フ）コルサコフの樺太民政署

樺太島《からふととう》は、北樺太《きたからふと》および南樺太《みなみからふと》の双方《そうほう》を含《ふく》め、全島《ぜんとう》を樺太《からふと》と呼《よ》ぶのが一般的《いっぱんてき》ですが、特《とく》に、ロマノフ朝《ちょう》ロシア帝国《ていこく》に譲渡《じょうと》を決《けっ》した北樺太《きたからふと》を南樺太《みなみからふと》と区別《くべつ》する必要《ひつよう》がある場合《ばあい》、北樺太《きたからふと》を薩哈嗹《さがれん》と呼《よ》びます。

明治《めいじ》38年《ねん》（一九〇五年《ねん》）9月《がつ》5日《いつか》、北樺太《きたからふと》アレクサンドロフスク、つまり、樺太《からふと》の薩哈嗹部分《さがれんぶぶん》に所在《しょざい》する樺太民政署《からふとみんせいしょ》は廃止《はいし》され、旧久春古丹《きゅうくしゅんこたん》のコルサコフ支署《ししょ》が本署《ほんしょ》に格上《かくあげ》されました。数日後《すうじつご》、のち、豊原《とよはら》となるウラジミロフカにも支署《ししょ》が開設《かいせつ》されました。

（コ）樺太国境画定会議

明治《めいじ》38年《ねん》（一九〇五年《ねん》）のポーツマス条約《じょうやく》により、北緯《ほくい》50度以南《どいなん》の南樺太《みなみからふと》のみが日本領《にほんりょう》として復帰《ふっき》し、北樺太《きたからふと》（薩哈嗹《さがれん》）は、引《ひ》き続《つづ》きロマノフ朝《ちょう》ロシア帝国《ていこく》が支配《しはい》することとなりました。当時《とうじ》、南樺太《みなみからふと》と北樺太《きたからふと》の間《あいだ》には、明確《めいかく》な境界《きょうかい》が存在《そんざい》しなかったため、明治《めいじ》39年《ねん》、北海道庁小樽区《ほっかいどうちょうおたるく》にて、国境画定会議《こっきょうかくていかいぎ》が開催《かいさい》されました。［会議場《かいぎじょう》：現存《げんそん》する旧日本郵船小樽支店《きゅうにほんゆうせんおたるしてん》（後《のち》の小樽市博物館《おたるしはくぶつかん》）］［出席者《しゅっせきしゃ》：東京帝国大学助教授《とうきょうていこくだいがくじょきょうじゅ》・平山清次《ひらやまきよつぐ》、陸軍大尉《りくぐんたいい》・アフマメーチフ、ほか多数《たすう》］

大泊《おおどまり》（露名《ろめい》：コルサコフ）の名称《めいしょう》の変遷《へんせん》

↓↓江戸時代（えどじだい）↓↓

久春古丹《くしゅんこたん》（大泊町楠渓地区《おおどまりまちなんけいちく》に相当《そうとう》）

↓↓明治時代前期（めいじじだいぜんき）↓↓

コルサコフ（露国《ろこく》が久春古丹《くしゅんこたん》を改名《かいめい》）

↓↓明治時代後期（めいじじだいこうき）↓↓

大泊《おおどまり》（日本《にほん》がコルサコフを改名《かいめい》）

（エ）大泊の樺太庁

明治《めいじ》40年《ねん》（一九〇七年《ねん》）3月末日《がつまつじつ》、コルサコフの樺太民政署《からふとみんせいしょ》は廃止《はいし》され、翌《よく》4月1日《がつついたち》、樺太《からふと》には、樺太庁《からふとちょう》が置《お》かれます。樺太庁《からふとちょう》とは、本州《ほんしゅう》でいう県《けん》に相当《そうとう》する行政組織《ぎょうせいそしき》です。［例《れい》］宮城《みやぎ》という地域《ちいき》に置《お》かれている行政組織《ぎょうせいそしき》は、宮城県《みやぎけん》）また、のちの豊原《とよはら》となるウラジミロフカには、支庁《しちょう》が設置《せっち》されました。明治《めいじ》41年《ねん》4月1日《がつついたち》には、樺太《からふと》の地名改称《ちめいかいしょう》に伴《ともな》い、在《ざい》コルサコフの樺太庁《からふとちょう》（本庁舎《ほんちょうしゃ》）は、在大泊《ざいおおどまり》の樺太庁《からふとちょう》（本庁舎《ほんちょうしゃ》）となりました。［一般《いっぱん》に、大泊《おおどまり》の樺太庁《からふとちょう》と呼《よ》ばれました］

豊原《とよはら》（露名《ろめい》：ユジノサハリンスク）の名称変遷《めいしょうへんせん》

↓↓江戸時代（えどじだい）↓↓

豊原周辺《とよはらしゅうへん》は無地名《むちめい》。（北蝦夷地《きたえぞち》の再現地図《さいげんちず》）

↓↓明治時代前期（めいじじだいぜんき）↓↓

ウラジミロフカ

↓↓明治時代後期（めいじじだいこうき）↓↓

豊原《とよはら》（日本《にほん》がウラジミロフカを改名《かいめい》）

※豊原《とよはら》の地名《ちめい》は「豊葦原《とよあしはら》は瑞穂《みずほ》の国《くに》」に由来《ゆらい》する。

（テ）豊原の樺太庁

近代北海道《きんだいほっかいどう》の開拓《かいたく》では、海辺《うみべ》の箱館《はこだて》［現在《げんざい》の函館《はこだて》］を足場《あしば》に、より内陸部《ないりくぶ》に北都札幌《ほくとさっぽろ》を建設《けんせつ》しました。近代樺太《きんだいからふと》の開拓《かいたく》も同様《どうよう》です。海辺《うみべ》の大泊《おおどまり》［江戸時代《えどじだい》の久春古丹《くしゅんこたん》］に足場《あしば》を設《もう》け、より内陸部《ないりくぶ》に新北都豊原《しんほくととよはら》を建設《けんせつ》したのです。大泊《おおどまり》と豊原《とよはら》の関係《かんけい》は、北海道《ほっかいどう》でいう、函館《はこだて》と札幌《さっぽろ》の関係《かんけい》に相当《そうとう》します。豊原《とよはら》は樺太《からふと》の札幌《さっぽろ》であり、大泊《おおどまり》は樺太《からふと》の函館《はこだて》なのです。

明治《めいじ》41年《ねん》（一九〇八年《ねん》）8月《がつ》24日《にち》、大泊《おおどまり》の樺太庁本庁舎《からふとちょうほんちょうしゃ》は、新北都豊原《しんほくととよはら》に移《うつ》され、樺太開拓《からふとかいたく》は、軌道《きどう》に乗《の》ったのです。

元樺太島民《もとからふととうみん》の方《かた》に取材《しゅざい》をしたおり、話題《わだい》に上《のぼ》った女性《じょせい》です。

上手な日本語を話したドーニャさん

元樺太島民《もとからふととうみん》の方《かた》が帰郷《ききょう》されたおり、日本《にほん》の歌《うた》を歌《うた》った女性《じょせい》です。

出所：セルゲイ・フェドルチューク作（訳：板橋政樹）

「樺太に生きたロシア人」63頁の写真を模写

（ア）南樺太に残留したロシア人

日露戦争《にちろせんそう》の後《あと》、南樺太《みなみからふと》が日本《にほん》へ復帰《ふっき》したとき、現地《げんち》のロシア人《じん》は、「生活《せいかつ》も安定《あんてい》しているのに、今《いま》さらなぜ、どこかへ移《うつ》らなければならないんだ」と、樺太《からふと》に残《のこ》ることを希望《きぼう》しました。日本《にほん》がロシア人残留《じんざんりゅう》を認《みと》めたため、約《やく》二〇〇名《めい》が、南樺太《みなみからふと》に残《のこ》りました。彼《かれ》らの多《おお》くは、日本人学校《にほんじんがっこう》に通《かよ》い、上手《じょうず》な日本語《にほんご》を話《はな》しました。ロシア人《じん》は、自分《じぶん》たちをロスキーと呼《よ》んだため、日本人《にほんじん》は、彼《かれ》らを露助《ろすけ》、彼《かれ》らの村《むら》を露助村《ろすけむら》と呼《よ》びました。（樺太《からふと》の「露助《ろすけ》」は、ロスキーの訛《なま》りで、非差別用語《ひさべつようご》です）

（サ）シベリア出兵に伴う日本の北樺太占領

大正《たいしょう》9年《ねん》（一九二〇年《ねん》）から大正《たいしょう》14年《ねん》は、日本《にほん》が北樺太《きたからふと》（樺太《からふと》の薩哈嗹部分《さがれんぶぶん》）をも含《ふく》め、事実上《じじつじょう》、樺太全島《からふとぜんとう》を回復《かいふく》していた期間《きかん》です。大正《たいしょう》9年《ねん》当時《とうじ》、樺太師団《からふとしだん》は未編成《みへんせい》でしたので、旭川《あさひかわ》の第《だい》7師団《しだん》が出兵《しゅっぺい》し、北樺太《きたからふと》を回復《かいふく》しました。①背景《はいけい》［英仏《えいふつ》の要請《ようせい》によるシベリア派兵《はへい》に便乗《びんじょう》した北樺太出兵《きたからふとしゅっぺい》］、②結果《けっか》［失敗《しっぱい》。シベリアと北樺太《きたからふと》から撤兵《てっぺい》］、③要注意《ようちゅうい》［シベリアは、領土的野心《りょうどてきやしん》も絡《から》み、問題《もんだい》。北樺太《きたからふと》は、樺太島《からふととう》は先人《せんじん》が露国《ろこく》に先《さき》んじて開拓《かいたく》をおこなったことに留意《りゅうい》が必要《ひつよう》］

（キ）シベリア撤兵に伴う日本の北樺太放棄

大正《たいしょう》14年《ねん》（一九二五年《ねん》）、日本《にほん》は、対《たい》ソ会談《かいだん》により、北樺太《きたからふと》を放棄《ほうき》しました。

英仏《えいふつ》の要請《ようせい》に基《もと》づいたシベリア出兵《しゅっぺい》は、日本《にほん》にも領土的野心《りょうどてきやしん》があったため、正当化《せいとうか》は、困難《こんなん》といえます。［撤兵《てっぺい》：大正《たいしょう》11年《ねん》］

シベリア出兵《しゅっぺい》に便乗《びんじょう》した北樺太回復《きたからふとかいふく》も、ポーツマス条約《じょうやく》の効力《こうりょく》を軽視《けいし》するという点《てん》で問題《もんだい》があります。［放棄《ほうき》：大正《たいしょう》14年《ねん》］

大切《たいせつ》なことは、日本人《にほんじん》が、アイヌ史《し》も含《ふく》め、注意深《ちゅういぶか》く樺太史《からふとし》を見つめることです。先人《せんじん》がなしえた極寒《ごっかん》の中《なか》の偉業《いぎょう》を忘《わす》れないことです。

拓務省《たくむしょう》に配属《はいぞく》された官庁《かんちょう》

台湾総督府《たいわんそうとくふ》⇒台湾《たいわん》（外地《がいち》）管轄《かんかつ》⇒拓務省《たくむしょう》へ配属《はいぞく》
朝 鮮総督府《ちょうせんそうとくふ》⇒朝鮮《ちょうせん》（外地《がいち》）管轄《かんかつ》⇒拓務省《たくむしょう》へ配属《はいぞく》
南 洋庁《なんようちょう》⇒南洋諸島《なんようしょとう》（外地《がいち》）管轄《かんかつ》⇒拓務省《たくむしょう》へ配属《はいぞく》

樺 太庁《からふとちょう》⇒樺太《からふと》[法律上外地《ほうりつじょうがいち》] 管轄《かんかつ》⇒拓務省《たくむしょう》へ配属《はいぞく》

北海道 庁《ほっかいどうちょう》⇒北海道《ほっかいどう》[法律 上 内地《ほうりつじょうないち》] 管轄《かんかつ》⇒内務省《ないむしょう》へ配属《はいぞく》
※昭和 22 年 [1947 年] までの北海道の行政体系≒樺太の行政体系

（ユ）拓務省の創設と同省の下部組織となった樺太庁

植民地《しょくみんち》として外国《がいこく》を支配《しはい》することには、多《おお》くの問題《もんだい》がありますが、日本《にほん》も植民地《しょくみんち》を保有《ほゆう》したことがあります。（日本《にほん》が植民地政策《しょくみんちせいさく》をとっていた頃《ころ》は、列強《れっきょう》といわれた国々《くにぐに》が多《おお》くの植民地《しょくみんち》を保有《ほゆう》していました）日本《にほん》は、昭和《しょうわ》4年《ねん》（一九二九年《ねん》）に、これらの植民地《しょくみんち》を円滑《えんかつ》に経営《けいえい》するため、拓務省《たくむしょう》を創設《そうせつ》します。拓務省下《たくむしょうか》には、台湾《たいわん》、朝鮮《ちょうせん》、南洋諸島《なんようしょとう》および樺太《からふと》が配属《はいぞく》されましたが、ほかの植民地《しょくみんち》と樺太《からふと》は、同列《どうれつ》ではありません。前者《ぜんしゃ》は外国支配《がいこくしはい》であり、後者《こうしゃ》は非外国支配《ひがいこくしはい》です。

樺太《からふと》の内地編入《ないちへんにゅう》⇒樺太庁《からふとちょう》の内務省編入《ないむしょうへんにゅう》

昭和《しょうわ》17年《ねん》

樺太行政体系《からふとぎょうせいたいけい》	北海道行政体系《ほっかいどうぎょうせいたいけい》
樺太庁長官《からふとちょうちょうかん》 指揮《しき》の下《もと》 樺太庁《からふとちょう》が担当《たんとう》	北海道庁長官《ほっかいどうちょうちょうかん》 指揮《しき》の下《もと》 北海道庁《ほっかいどうちょう》が担当《たんとう》

※昭和22年（1947年）まで、北海道地方の自治長として北海道庁に存在したのは知事ではなく、長官です。（様々な面で類似する樺太と北海道の一例と言えます）

（メ）拓務省の分割に伴い、内務省の下部組織となった樺太庁

昭和《しょうわ》17年《ねん》（一九四二年《ねん》）、拓務省《たくむしょう》は、分割《ぶんかつ》され、大東亜省《だいとうあしょう》および内務省《ないむしょう》に編入《へんにゅう》されました。樺太庁《からふとちょう》は、内務省下《ないむしょうか》に配属《はいぞく》され、樺太《からふと》は、名実共《めいじつとも》に日本国内《にほんこくない》（内地《ないち》）となったのです。

[豆知識《まめちしき》]（樺太内地編入《からふとないちへんにゅう》の頃《ころ》：昭和《しょうわ》17年《ねん》）

①東京《とうきょう》に存在《そんざい》した行政組織《ぎょうせいそしき》は東京府《とうきょうふ》。

②大阪《おおさか》に存在《そんざい》した行政組織《ぎょうせいそしき》は大阪府《おおさかふ》。

③北海道《ほっかいどう》に存在《そんざい》した行政組織《ぎょうせいそしき》は北海道庁《ほっかいどうちょう》。

④樺太《からふと》に存在《そんざい》した行政組織《ぎょうせいそしき》は樺太庁《からふとちょう》。

[①、②、他府県《たふけん》は知事《ちじ》が指揮官《しきかん》。③と④は長官《ちょうかん》が指揮官《しきかん》]

（ミ）日ソ中立条約無視

江戸時代《えどじだい》、西洋《せいよう》に侵略《しんりゃく》されかけた日本《にほん》は、明治《めいじ》期《き》に富国強兵《ふこくきょうへい》をおこない、それ以降《いこう》、領土拡張《りょうどかくちょう》に乗《の》り出《だ》しました。しかし、ここで留意《りゅうい》すべきことは、明治《めいじ》・大正期《たいしょうき》の樺太回復《からふとかいふく》は、領土《りょうど》拡張《かくちょう》とはいくぶん異《こと》なるという点《てん》です。樺太《からふと》は、日本《にほん》が露国《ろこく》に先《さき》んじて開拓《かいたく》をおこなった島《しま》ですが、明治初期《めいじしょき》、露国《ろこく》に、事実上《じじつじょう》、武力《ぶりょく》併合《へいごう》されました。樺太《からふと》は、一時《いちじ》、祖国《そこく》への復帰《ふっき》を果《は》たしましたが、大戦末期《たいせんまっき》の中立《ちゅうりつ》条約無視《じょうやくむし》により、ソ連《れん》を引《ひ》き継《つ》いだロシア連邦《れんぽう》に、再度《さいど》、武力併合《ぶりょくへいごう》されているのです。

（シ）大激戦樺太

昭和《しょうわ》20年《ねん》（一九四五年《ねん》）2月末日《がつまつじつ》、樺太《からふと》防衛《ぼうえい》を主目的《しゅもくてき》として、樺太師団《からふとしだん》が創設《そうせつ》されます。（師団長《しだんちょう》：峰木十一郎中将《みねきといちろうちゅうじょう》）

昭和《しょうわ》20年《ねん》8月9日《がつここのか》、樺太《からふと》では、ソ連《れん》が、日ソ中立条約《にっちゅうりつじょうやく》を無視《むし》し、国境侵犯《こっきょうしんぱん》を始《はじ》めます。飛行機《ひこうき》や戦車隊《せんしゃたい》を使《つか》ったソ連軍《れんぐん》に対《たい》し、本格的増援《ほんかくてきぞうえん》のない樺太師団《からふとしだん》と警察隊《けいさつたい》は、不十分《ふじゅうぶん》な装備《そうび》で戦《たたか》い、ソ連軍《れんぐん》の南下《なんか》を長時間《ちょうじかん》阻止《そし》しました。自《みずか》ら盾《たて》となって戦《たたか》う樺太師団《からふとしだん》の前《まえ》に、ソ連《れん》は、樺太占領後《からふとせんりょうご》に予定《よてい》していた北海道侵攻《ほっかいどうしんこう》は、断念《だんねん》したのです。

（ヌ）真岡町への艦砲射撃

昭和《しょうわ》20年《ねん》（一九四五年《ねん》）8月《がつ》15日《にち》の日本《にほん》降伏《こうふく》によって、大戦《たいせん》は終《お》わったはずでした。しかし、樺太《からふと》の占領《せんりょう》は絶対《ぜったい》におこなうとしていたソ連《れん》は、日本《にほん》が派遣《はけん》した停戦《ていせん》の使者《ししゃ》を殺《さつ》害《がい》し、15日以降《にちいこう》も、樺太《からふと》での戦争《せんそう》をつづけたのです。8月20日《がつはつか》、ソ連海軍《れんかいぐん》は、日本降伏《にほんこうふく》を無視《むし》し、真岡港《まおかこう》に軍艦《ぐんかん》を派遣《はけん》し、真岡町《まおかまち》への艦砲射撃《かんぽうしゃげき》をおこないます。この艦砲射撃《かんぽうしゃげき》により、樺太西海岸《からふとにしかいがん》に細長《ほそなが》く開《ひら》けた真岡《まおか》の町《まち》は、瞬《また》く間《ま》に血《ち》に染《そ》まり、多《おお》くの真岡町民《まおかちょうみん》が犠牲《ぎせい》となりました。

（ヒ）さようなら、さようなら

昭和《しょうわ》20年《ねん》（一九四五年《ねん》）8月《がつ》20日《はつか》、真岡町《まおかまち》では、ソ連軍《れんぐん》の艦砲射撃《かんぽうしゃげき》に引《ひ》きつづき、上陸《じょうりく》が開始《かいし》されます。この敵軍上陸時《てきぐんじょうりくじ》、真岡《まおか》郵便局《ゆうびんきょく》では、9人《にん》の女性《じょせい》が、緊急通信《きんきゅうつうしん》を少《すこ》しでも長《なが》く続《つづ》けるため、電話《でんわ》の交換業務《こうかんぎょうむ》を続《つづ》けました。9人《にん》の乙女《おとめ》には、安全《あんぜん》な地域《ちいき》への退去許可《たいきょきょか》が下《お》りていましたが、彼女たちは、自《みずか》ら進《すす》み、交換台《こうかんだい》に付《つ》きました。彼女たちは、敵兵《てきへい》が局《きょく》に迫《せま》ると、「さようなら、さようなら」との通信《つうしん》を最後《さいご》に、毒《どく》を飲《の》んで、自《みずか》ら散《ち》っていきました。

（モ）豊原市への空襲

昭和《しょうわ》20年《ねん》（一九四五年《ねん》）8月《がつ》22日《にち》、ソ連軍《れんぐん》は、豊原市《とよはらし》への空襲《くうしゅう》をおこないます。ソ連軍機《れんぐんき》は、午前《ごぜん》と午後《ごご》に分《わ》け、豊原駅《とよはらえき》を中心《ちゅうしん》に爆撃《ばくげき》を加《くわ》えてきたのです。駅前《えきまえ》には、樺太奥地《からふとおくち》からの避難民《ひなんみん》も集《あつま》り始《はじ》めていたため、豊原市中心部《とよはらしちゅうしんぶ》は、大変《たいへん》な混雑状態《こんざつじょうたい》でした。ソ連軍機《れんぐんき》は、その人混《ひとご》みの中《なか》へも、情《なさ》け容赦《ようしゃ》のない爆撃《ばくげき》をおこなったのです。（豊原空襲《とよはらくうしゅう》の正確《せいかく》な被害《ひがい》は、ソ連政府《れんせいふ》が隠蔽工作《いんぺいこうさく》をおこなったため、不明《ふめい》ですが、一〇〇名以上《めいいじょう》が死亡《しぼう》し、家屋《かおく》四〇〇戸前後《こぜんご》が焼失《しょうしつ》しました）

(セ) 日本人避難船撃沈とソビエト連邦が悲願としていた北海道占領

樺太《からふと》師団《しだん》と警察隊《けいさつたい》の捨《す》て身《み》の防戦《ぼうせん》にあい、ソ連《れん》の独裁者《どくさいしゃ》スターリンが、北海道侵攻《ほっかいどうしんこう》をあきらめ、道周辺《どうしゅうへん》での停戦《ていせん》を命《めい》じたのは、昭和《しょうわ》20年《ねん》（一九四五年《ねん》）8月《がつ》22日《にち》でした。しかし、この停戦決定《ていせんけってい》の直前《ちょくぜん》、道沖《どうおき》では、悲《かな》しいことが起《お》きました。

ソ連《れん》の潜水艦《せんすいかん》が、樺太《からふと》からの避難船《ひなんせん》を攻撃《こうげき》し、避難民《ひなんみん》一七〇〇人以上《にんいじょう》が死亡《しぼう》したのです。

①小笠原丸《おがさわらまる》（撃沈《げきちん》）- 増毛沖《ましけおき》に眠《ねむ》る。

②第二新興丸《だいにしんこうまる》（大破《たいは》）- 反撃後《はんげきご》、留萌入港《るもいにゅうこう》。

③泰東丸《はくとうまる》（撃沈《げきちん》）- 小平沖《おびらおき》に眠《ねむ》る。

布告
スターリン元帥閣下に感謝せよ！
反ソ的な者は逮捕！

（ス）占領下の南樺太

昭和《しょうわ》20年《ねん》（一九四五年《ねん》）8月《がつ》23日《にち》、ソ連軍《れんぐん》アリモフ少将《しょうしょう》が豊原市《とよはらし》に着《つ》き、ソ連軍《れんぐん》の南《みなみ》樺太占領《からふとせんりょう》が始《はじ》まります。

占領下《せんりょうか》の南樺太《みなみからふと》でのようすをいくつか列記《れっき》します。①軍人《ぐんじん》、警察官《けいさつかん》、樺太庁《からふとちょう》の高官《こうかん》は、反《はん》ソ的《てき》との無理《むり》な理由《りゆう》づけにより、ソ連軍《れんぐん》に逮捕《たいほ》されました。（シベリア抑留《よくりゅう》）②一般人《いっぱんじん》も、ソ連《れん》に都合《つごう》の悪《わる》いことを言《い》うと、すぐに反《はん》ソ的《てき》との理由《りゆう》づけにより逮捕《たいほ》されました。③工場《こうじょう》などでは、ロシア人《じん》が、日本人工場長《にほんじんこうじょうちょう》の職《しょく》を奪《うば》い、彼《かれ》らが、工場長《こうじょうちょう》に就《つ》きました。

（ン）祖国に忘れ去られつつある樺太

北海道《ほっかいどう》と樺太《からふと》の関係《かんけい》は、双子《ふたご》のようなものといえます。両島《りょうとう》に千島列島《ちしまれっとう》を加《くわ》えれば、三者《さんしゃ》の関係《かんけい》は、三兄弟《さんきょうだい》のようなものです。

祖国《そこく》の敗戦以降《はいせんいこう》、樺太島《からふととう》は、ソビエト連邦《れんぽう》を引《ひ》き継《つ》いだロシア連邦《れんぽう》に実行支配《じっこうしはい》されていますが、実行支配《じっこうしはい》されているからといって、樺太《からふと》のことを同島《どうとう》の露名《ろめい》であるサハリンと呼《よ》ぶ必要《ひつよう》はありません。

近年《きんねん》、樺太《からふと》という地名《ちめい》を認識《にんしき》しない未成年《みせいねん》者《しゃ》が増《ふ》えています。樺太《からふと》を知《し》っている日本人《にほんじん》は、ぜひぜひ、樺太《からふと》は樺太《からふと》と呼《よ》んで下《くだ》さい。

第 2 章　近代樺太 40 年の概略

[明治《めいじ》8年《ねん》] 千島樺太交換条約《ちしまからふとこうかんじょうやく》

樺太島全島《からふとうぜんとう》が露国《ろこく》に併合《へいごう》される。

[明治《めいじ》38年《ねん》] ポーツマス条約《じょうやく》

南樺太《みなみからふと》が祖国復帰《そこくふっき》を果《は》たす。

（い）30年振りの樺太回復

①明治《めいじ》8年《ねん》（一八七五年《ねん》）、樺太島《からふととう》は、事実上《じじつじょう》、露国《ろこく》に武力併合《ぶりょくへいごう》される。

②明治《めいじ》8年《ねん》より明治《めいじ》38年《ねん》まで、ロマノフ朝《ちょう》ロシア帝国《ていこく》は、樺太島《からふととう》を流刑地《るけいち》と位置《いち》づけ、同島内《どうとうない》に流刑都市《るけいとし》を建設《けんせつ》する。

③明治《めいじ》38年《ねん》、日本《にほん》が日露戦争《にちろせんそう》に勝利《しょうり》。ロマノフ朝《ちょう》は、日本勝利《にほんしょうり》の証《あかし》として、樺太島《からふととう》の南《みなみ》半分《はんぶん》（南樺太《みなみからふと》）を日本《にほん》へ返還《へんかん》する。

[余談《よだん》] 日露戦争中《にちろせんそうちゅう》、セオドア・ルーズベルトアメリカ大統領《だいとうりょう》は、日本《にほん》に樺太占領《からふとせんりょう》を強《つよ》く薦《すす》めた。（アメリカの国際政治力増強《こくさいせいじりょくぞうきょう》が目的《もくてき》）

樺太開島《からふとかいとう》

明治《めいじ》38年《ねん》8月《がつ》16日《にち》

田子浦丸《たごのうらまる》

（ろ）樺太開島

①明治《めいじ》38年《ねん》（一九〇五年《ねん》）7月末《がつまつ》、日露戦争《にちろせんそう》の最終局面《さいしゅうきょくめん》、在樺《ざいかば》の露軍《ろぐん》が降伏《こうふく》。

②同《おな》じ年《とし》の8月《がつ》28日《にち》、北樺太《きたからふと》に樺太民政署《からふとみんせいしょ》が設置《せっち》される。（実質上《じっしつじょう》、樺太《からふと》の支配権《しはいけん》が露国《ろこく》より日本《にほん》へ移行《いこう》）③同《おな》じ年《とし》の9月《がつ》5日《いつか》、アメリカのポーツマス市《し》において日露講和条約《にちろこうわじょうやく》が結《むす》ばれる。（明治政府《めいじせいふ》、北樺太《きたからふと》の支配権《しはいけん》をロマノフ朝《ちょう》に再譲渡《さいじょうと》する方針《ほうしん》を決定《けってい》）［開島《かいとう》］

その年《とし》の8月《がつ》16日《にち》、樺太《からふと》へ民間人《みんかんじん》が渡《わた》ることが許可《きょか》されました。この日《ひ》、樺太《からふと》へ向《む》かった記念《きねん》すべき船《ふね》は、日本郵船《にほんゆうせん》の田子浦丸《たごのうらまる》です。

（は）火鉢ではしのげぬ樺太の寒さ

樺太《からふと》では、酒《さけ》や油《あぶら》が凍《こお》ります。それだけ寒《さむ》いのです。明治時代《めいじじだい》、日本本土《にほんほんど》から樺太《からふと》へ渡《わた》られた方々《かたがた》の多《おお》くは、亜寒帯《あかんたい》での越冬方法《えっとうほうほう》を心得《こころえ》ていらっしゃった北海道出身者《ほっかいどうしゅっしんしゃ》です。（樺太《からふと》へ渡《わた》った方《かた》の中《なか》には、亜寒帯《あかんたい》の厳《きび》しさを知《し》らなかった本土出身者《ほんどしゅっしんしゃ》もいました。彼《かれ》らの中《なか》には、ストーブを嫌《きら》い、自宅《じたく》に火鉢《ひばち》を入《い》れた方《かた》もいましたが、火鉢《ひばち》では、樺太《からふと》の寒《さむ》さはしのげなかったようです。上《うえ》の絵《え》は、樺太《からふと》で愛用《あいよう》された西洋式《せいようしき》ストーブと灰掻《はいか》き用《よう》デレッキです）

（に）帰って来た樺太アイヌ

明治《めいじ》8年《ねん》（一八七五年《ねん》）、樺太《からふと》は、千島《ちしま》樺太交換条約《からふとこうかんじょうやく》により、全島《ぜんとう》がロシア領《りょう》となりました。この時《とき》、ロマノフ朝《ちょう》の支配《しはい》を恐《おそ》れた樺太《からふと》アイヌ（八五〇名以上《めいいじょう》）が、自主的《じしゅてき》に、日本領《にほんりょう》（北海道《ほっかいどう》）へ移《うつ》りました。当時《とうじ》、宗谷居住《そうやきょじゅう》を希望《きぼう》していた樺太《からふと》アイヌを、明治《めいじ》政府《せいふ》が、政治上《せいじじょう》の理由《りゆう》により、対雁《ついしかり》（江別《えべつ》市《し》）へ強制移住《きょうせいいじゅう》させたことは残念《ざんねん》な出来事《できごと》です。対雁《ついしかり》の樺太《からふと》アイヌは、疫病《えきびょう》により半数《はんすう》が死亡《しぼう》しましたが、生《い》き残《のこ》った方々《かたがた》は、南樺太《みなみからふと》復帰後《ふっきご》、樺太《からふと》へ帰還《きかん》したのです。

（ほ）針葉樹林の中に出現した壮大な樺太国境

北緯《ほくい》50度《ど》は、北樺太《きたからふと》（露領《ろりょう》）と南樺太《みなみからふと》（日本領《にほんりょう》）を隔《へだ》てていた国境線《こっきょうせん》があった場所《ばしょ》です。明治政府《めいじせいふ》は、日露戦争《にちろせんそう》に勝利《しょうり》した翌年《よくとし》の11月《がつ》、北海道庁小樽区《ほっかいどうちょうおたるく》で、樺太国境画定《からふとこっきょうかくてい》会議《かいぎ》を開催《かいさい》し、ロマノフ朝《ちょう》と北緯《ほくい》50度上《どじょう》に引《ひ》く国境線《こっきょうせん》のあり方《かた》について、協議《きょうぎ》をおこないました。この結果《けっか》、樺太《からふと》の密林《みつりん》（針葉樹林《しんようじゅりん》）地帯《ちたい》を、北緯《ほくい》50度上《どじょう》で、10メートル幅《はば》で伐採《ばっさい》し、この空間《くうかん》を国境線《こっきょうせん》とする決定《けってい》がなされました。

あの密林地帯《みつりんちたい》には、壮大《そうだい》な樺太国境《からふとこっきょう》（不思議《ふしぎ》な空間《くうかん》）があったのです。

［国境線上《こっきょうせんじょう》の目印《めじるし》］

①国境標石《こっきょうひょうせき》4基《き》
②中間標石《ちゅうかんひょうせき》17基《き》
③木柱《きばしら》19本《ほん》

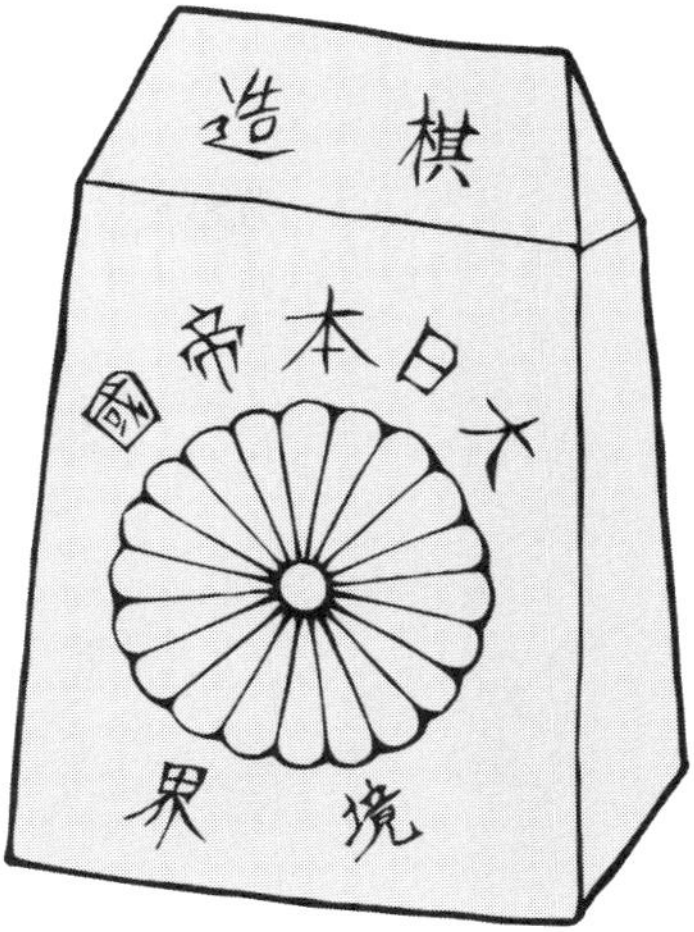

（へ）樺太国境標石

約《やく》一三〇キロメートルの樺太国境線上《からふとこっきょうせんじょう》には、合計《ごうけい》4基《き》の樺太国境標石《からふとこっきょうひょうせき》が設置《せっち》されていました。国境標石《こっきょうひょうせき》の表《おもて》には、日本《にほん》の準国旗《じゅんこっき》である菊《きく》の御紋《ごもん》が彫《ほ》り込《こ》まれ、裏《うら》には、ロマノフ王家《おうけ》の紋章《もんしょう》である双頭鷲《そうとうわし》（頭《あたま》が二《ふた》つの鷲《わし》）が彫《ほ》り込《こ》まれています。

樺太《からふと》の豊原市《とよはらし》（露名《ろめい》：ユジノサハリンスク）および北海道《ほっかいどう》の根室市《ねむろし》には、本物《ほんもの》の樺太国境《からふとこっきょう》標石《ひょうせき》が現在《げんざい》も保存《ほぞん》されています。なお、複製品《ふくせいひん》の国境標石《こっきょうひょうせき》であれば、北海道神宮《ほっかいどうじんぐう》および明治《めいじ》神宮内《じんぐうない》に展示《てんじ》されています。（歴史家必見《れきしかひっけん》）

樺太庁《からふとちょう》

（分《わ》かりやすくいえば、樺太県《からふとけん》です）

樺太庁長官《からふとちょうちょうかん》

（分《わ》かりやすくいえば、樺太県知事《からふとけんちじ》です）

昔《むかし》の書《か》き方《かた》：樺太廳《からふとちょう》

（と）本州の県に相当した樺太庁

本州《ほんしゅう》の県《けん》の場合《ばあい》、たとえば、宮城県《みやぎけん》の場合《ばあい》、宮城《みやぎ》という地域《ちいき》を治《おさ》める行政組織《ぎょうせいそしき》を宮城県《みやぎけん》と呼《よ》びます。そして、その行政組織《ぎょうせいそしき》の本部《ほんぶ》および最高指揮官《さいこうしきかん》を、それぞれ、県庁《けんちょう》および県知事《けんちじ》と言《い》います。また、県庁《けんちょう》がある都市《とし》を県庁所在地《けんちょうしょざいち》と呼《よ》びます。宮城県《みやぎけん》の場合《ばあい》、県庁所在地《けんちょうしょざいち》は仙台市《せんだいし》です。

樺太《からふと》（南樺太《みなみからふと》）の場合《ばあい》、宮城県《みやぎけん》、宮城県《みやぎけん》知事《ちじ》、仙台市《せんだいし》と同格《どうかく》に当《あ》たるのは、それぞれ、樺太庁《からふとちょう》、樺太庁長官《からふとちょうちょうかん》、豊原市《とよはらし》です。（現在《げんざい》、樺太庁《からふとちょう》は休庁状態《きゅうちょうじょうたい》。復庁時期《ふくちょうじき》は未定《みてい》）

初代樺太民政署長官　熊谷喜一郎　閣下
（くまがいきいちろう）
初代樺太庁長官　楠瀬幸彦　閣下
（くすのせさちひこ）
二代樺太庁長官　床次竹二郎　閣下
（とこなみたけじろう）
三代樺太庁長官　平岡定太郎　閣下
（ひらおかじょうたろう）
四代樺太庁長官　岡田文次　閣下
（おかだぶんじ）
五代・七代樺太庁長官　昌谷彰　閣下
（さかやあきら）
六代樺太庁長官　永井金次郎　閣下
（ながいきんじろう）
八代樺太庁長官　豊田勝蔵　閣下
（とよたかつぞう）
九代樺太庁長官　喜多孝治　閣下
（きたこうじ）
十代樺太庁長官　縣忍　閣下
（あがたしのぶ）
十一代樺太庁長官　岸本正雄　閣下
（きしもとまさお）
十二代樺太庁長官　今村武志　閣下
（いまむらたけし）
十三代樺太庁長官　棟居俊一　閣下
（むねすえしゅんいち）
十四代樺太庁長官　小河正儀　閣下
（おがわまさよし）
十五代樺太庁長官　大津敏男　閣下
（おおつとしお）

（ち）歴代樺太庁長官

　樺太庁《からふとちょう》（南樺太《みなみからふと》）は、沖縄県《おきなわけん》につぎ、中央《ちゅうおう》（東京《とうきょう》）から2番目《ばんめ》に遠《とお》い広域自治体《こういきじちたい》（市区《しく》町村《ちょうそん》から構成《こうせい》される地方自治体《ちほうじちたい》）でした。［東京《とうきょう》・那覇《なは》間《かん》は、一六〇〇キロ弱《じゃく》であり、東京《とうきょう》・豊原間《とよはらかん》は、一二〇〇キロ近辺《きんぺん》です］

　樺太庁長官《からふとちょうちょうかん》は、法的《ほうてき》には、他府県《たふけん》の知事《ちじ》のような存在《そんざい》でしたが、中央《ちゅうおう》（東京《とうきょう》）から遠《とお》く離《はな》れた開拓地《かいたくち》（樺太《からふと》）にあっては、島民《とうみん》を保護《ほご》・統率《とうそつ》する地方統治者的《ちほうとうちしゃてき》な存在《そんざい》でした。（歴代樺太庁長官《れきだいからふとちょうちょうかん》は、時《とき》おり、学校《がっこう》などに出向《でむ》かれ、集会《しゅうかい》で訓示《くんじ》を述《の》べられたそうです）

露領樺太《ろりょうからふと》は、流刑島《るけいじま》。

チェーホフは、樺太《からふと》を地獄《じごく》と呼《よ》んだ。

（人口《じんこう》：流刑関係者《るけいかんけいしゃ》３万《まん》５千人《せんにん》）

日本領樺太《にほんりょうからふと》は、宝島《たからじま》。

樺太《からふと》は発展《はってん》を遂《と》げ、人口急増《じんこうきゅうぞう》。

（人口《じんこう》：開拓民《かいたくみん》40万人《まんにん》）

（り）流刑の島から宝の島へ

ロマノフ朝《ちょう》ロシア帝国《ていこく》は、樺太《からふと》を流刑地《るけいち》と位置《いち》づけたため、当然《とうぜん》ながら、露領樺太《ろりょうからふと》における住民構成比率《じゅうみんこうせいひりつ》では、囚人《しゅうじん》の割合《わりあい》が一番高《いちばんたか》くなっています。南樺太《みなみからふと》が祖国復帰《そこくふっき》を果《は》たす前年《ぜんねん》の統計《とうけい》によると、露領樺太《ろりょうからふと》におけるロシア人《じん》の65パーセント以上《いじょう》が囚人《しゅうじん》です。なお、露国臣民《ろこくしんみん》の総人口《そうじんこう》は、三万五千人《さんまんごせんにん》でした。

南樺太《みなみからふと》の復帰後《ふっきご》、私《わたし》たちの先人方《せんじんがた》は、樺太《からふと》開拓《かいたく》に心血《しんけつ》を注《そそ》ぎ、樺太《からふと》では数々《かずかず》の産業《さんぎょう》が興《おこ》されました。のちには、樺太《からふと》（宝島《たからじま》）への観光《かんこう》も人気《にんき》を高《たか》めたほどです。

（ぬ）樺太の札幌

豊原《とよはら》（露名《ろめい》：ユジノサハリンスク）市街《しがい》は、北都札幌《ほくとさっぽろ》の都市計画《としけいかく》を模範《もはん》としながら建設《けんせつ》されました。豊原《とよはら》の道路《どうろ》は、札幌《さっぽろ》と同《おな》じように碁盤《ごばん》の目状《めじょう》に整備《せいび》されています。豊原《とよはら》は、樺太《からふと》の札幌《さっぽろ》であり、新北都《しんほくと》なのです。

［豊原《とよはら》の代表的建設物《だいひょうてきけんせつぶつ》］（州《しゅう》＝サハリン州《しゅう》）

樺太庁本庁舎《からふとちょうほんちょうしゃ》（樺太行政《からふとぎょうせい》の中心《ちゅうしん》）消失《しょうしつ》

官幣大社樺太神社《かんぺいたいしゃからふとじんじゃ》（最高社格《さいこうしゃかく》の神社《じんじゃ》）消失《しょうしつ》

豊原駅《とよはらえき》（樺太鉄道網《からふとてつどうもう》の中心《ちゅうしん》）消失《しょうしつ》

樺太庁博物館《からふとちょうはくぶつかん》（現州立郷土史博物館《げんしゅうりつきょうどしはくぶつかん》）

北海道拓殖銀行豊原支店《ほっかいどうたくしょくぎんこうとよはらしてん》（現州立美術館《げんしゅうりつびじゅつかん》）

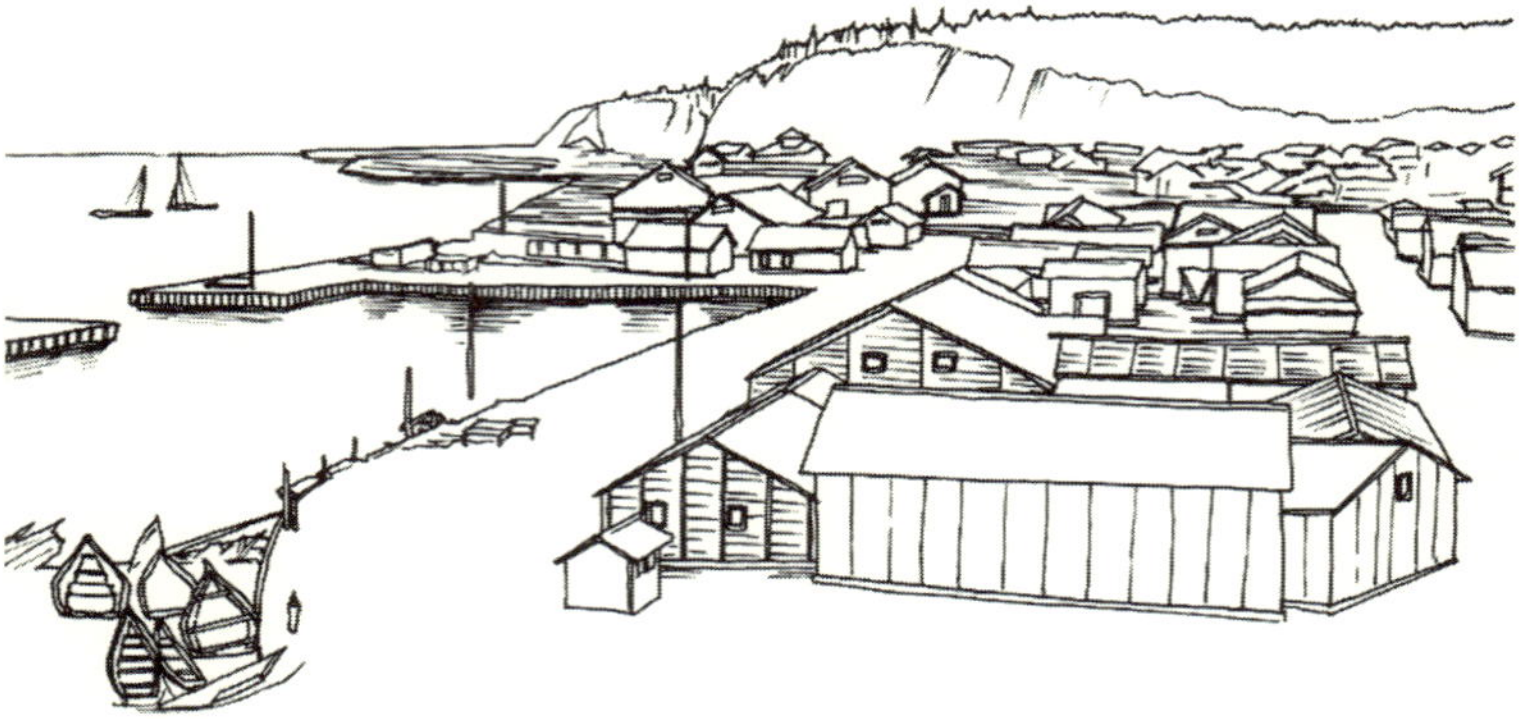

（る）樺太の函館

幕府《ばくふ》は、北海道《ほっかいどう》においては、本州《ほんしゅう》と連絡《れんらく》可能《かのう》な箱館《はこだて》（現在《げんざい》の函館《はこだて》）に、蝦夷地統治《えぞちとうち》の前線基地《ぜんせんきち》を建設《けんせつ》し、樺太《からふと》においては、北海道《ほっかいどう》と連絡《れんらく》が出来《でき》る久春古丹《くしゅんこたん》（現在《げんざい》の大泊《おおどまり》［露名《ろめい》：コルサコフ］）に、北蝦夷地統治《きたえぞちとうち》の前線基地《ぜんせんきち》を建設《けんせつ》しました。のちに明治政府《めいじせいふ》は、先人方《せんじんがた》の北方経営経験《ほっぽうけいえいけいけん》を参考《さんこう》としながら、北海道《ほっかいどう》および樺太《からふと》を豊《ゆたか》な島《しま》に生《う》まれ変《か》わらせたのです。

北海道《ほっかいどう》は、函館《はこだて》で、青函連絡船《せいかんれんらくせん》により本州《ほんしゅう》と結《むす》ばれ、樺太《からふと》は、大泊《おおどまり》で、稚泊連絡船《ちはくれんらくせん》により北海道《ほっかいどう》と結《むす》ばれていたのです。

（を）樺太の湘南

樺太《からふと》の留多加《るうたか》（露名《ろめい》：アニワ）は、比較的《ひかくてき》温暖《おんだん》であり、農耕《のうこう》にも適《てき》しています。亜庭湾《あにわわん》に面《めん》する留多加《るうたか》は、都《みやこ》（豊原《とよはら》）よりほどよく離《はな》れた海岸地域《かいがんちいき》であり、本州《ほんしゅう》でいえば、都《みやこ》（東京《とうきょう》）よりほどよく離《はな》れ、相模湾《さがみわん》に面《めん》している湘南地域《しょうなんちいき》のような場所《ばしょ》です。

留多加《るうたか》の海岸《かいがん》では、人々《ひとびと》が、ホッキガイなどを採《と》り、採取後《さいしゅご》は、体《からだ》を温《あたた》めるため、海岸《かいがん》で焚《た》き火《び》をしたそうです。

留多加《るうたか》では、稲作《いなさく》も検討《けんとう》されたことがあり、将来《しょうらい》、樺太米《からふとまい》が誕生《たんじょう》するかも知《し》れません。

（わ）樺太製紙産業

南樺太《みなみからふと》が祖国復帰《そこくふっき》を果《は》たした直後《ちょくご》、明治《めいじ》政府《せいふ》は、広大《こうだい》な樺太森林《からふとしんりん》の有効利用法《ゆうこうりようほう》を見出《みいだ》せませんでした。樺太経営《からふとけいえい》の容易《ようい》でないことを実感《じっかん》した明治政府《めいじせいふ》は、樺太《からふと》の調査《ちょうさ》・研究《けんきゅう》をおこない、その結果《けっか》、樺太森林《からふとしんりん》の大半《たいはん》を占《し》める蝦夷松《えぞまつ》・椴松《とどまつ》は、紙《かみ》の原料《げんりょう》として、有効利用《ゆうこうりよう》できることを突《つ》き止《と》めたのです。南樺太回復《みなみからふとかいふく》直後《ちょくご》、極寒《ごっかん》の地《ち》において、大規模《だいきぼ》な近代的《きんだいてき》産業《さんぎょう》を興《おこ》すことは、困難《こんなん》であると考《かんが》えられましたが、前述《ぜんじゅつ》の調査《ちょうさ》・研究《けんきゅう》の結果《けっか》、樺太《からふと》の近代的経営《きんだいてきけいえい》が可能《かのう》となったのです。

（か）樺太製紙産業が生んだ日本最大の製紙会社

大正《たいしょう》3年《ねん》（一九一四年《ねん》）、ヨーロッパで第一次世界大戦《だいいちじせかいたいせん》が始《はじ》まると、樺太製紙産業《からふとせいしさんぎょう》は、特需景気《とくじゅけいき》の恩恵《おんけい》を受《う》け、急成長《きゅうせいちょう》をとげます。製紙産業《せいしさんぎょう》はしばらく、王子製紙《おうじせいし》、富士《ふじ》製紙《せいし》および樺太工業《からふとこうぎょう》による三社寡占《さんしゃかせん》の状態《じょうたい》におかれていましたが、昭和《しょうわ》8年《ねん》（一九三三年《ねん》）5月《がつ》、王子製紙《おうじせいし》が、競合二社《きょうごうにしゃ》を吸収合併《きゅうしゅうがっぺい》し、王子製紙《おうじせいし》による独占《どくせん》となります。

王子製紙《おうじせいし》は、樺太《からふと》で成長《せいちょう》をとげ、世界《せかい》を代表《だいひょう》する製紙会社《せいしがいしゃ》の一《ひと》つとなったのです。

王子製品《おうじせいひん》は本州《ほんしゅう》へも移出《いしゅつ》されました。

（よ）樺太石炭産業

19世紀中旬《せいきちゅうじゅん》、樺太《からふと》の石炭《せきたん》の存在《そんざい》に気《き》づいたロマノフ朝東《ちょうひがし》シベリア総督《そうとく》は、樺太《からふと》に送《おく》り込《こ》んだ囚人《しゅうじん》の一部《いちぶ》を炭坑夫《たんこうふ》として駆《か》り出《だ》し、小規模《しょうきぼ》な炭鉱経営《たんこうけいえい》を開始《かいし》します。おそらく、これが、樺太石炭産業《からふとせきたんさんぎょう》の起源《きげん》です。

南樺太《みなみからふと》を回復《かいふく》した明治政府《めいじせいふ》は、樺太南部《からふとなんぶ》から中部《ちゅうぶ》までの地層《ちそう》を細《こま》かく調査《ちょうさ》して、石炭《せきたん》の埋蔵量《まいぞうりょう》および種類《しゅるい》などを調《しら》べ出《だ》します。この細《こま》かい調査《ちょうさ》の結果《けっか》、近代的《きんだいてき》な樺太石炭産業《からふとせきたんさんぎょう》の確立《かくりつ》が可能《かのう》となったのです。

樺太石炭《からふとせきたん》は、本州《ほんしゅう》へも移出《いしゅつ》されました。

（た）樺太石炭産業が生んだ日本最大の小学校

樺太《からふと》の塔路町周辺《とうろまちしゅうへん》では、良質《りょうしつ》の無煙炭《むえんたん》が沢山《たくさん》採《と》れました。煙《けむり》が出《で》ない無煙炭《むえんたん》は、高値《たかね》で売買《ばいばい》され、黒《くろ》いダイヤと呼《よ》ばれたのです。

無煙炭《むえんたん》は、塔路町《とうろまち》に富《とみ》をもたらし、人々《ひとびと》は、その富《とみ》を求《もと》めて塔路町《とうろまち》に集《あつ》まりました。炭鉱《たんこう》関係者《かんけいしゃ》が集《あつ》まり、人口《じんこう》が増《ふ》えた塔路町《とうろまち》では、子供《こども》（炭坑夫《たんこうふ》の子供《こども》）の数《かず》も増加《ぞうか》し、三千名《さんぜんめい》の児童《じどう》を抱《かか》えるようになった塔路小学校《とうろしょうがっこう》は、当時《とうじ》、日本最大《にほんさいだい》の小学校《しょうがっこう》と言《い》われたほどです。（同校《どうこう》の職員室《しょくいんしつ》は、部屋《へや》と部屋《へや》の間《あいだ》の壁《かべ》を取《と》り払《はら》い、その中《なか》には60名《めい》もの教員《きょういん》がいました）

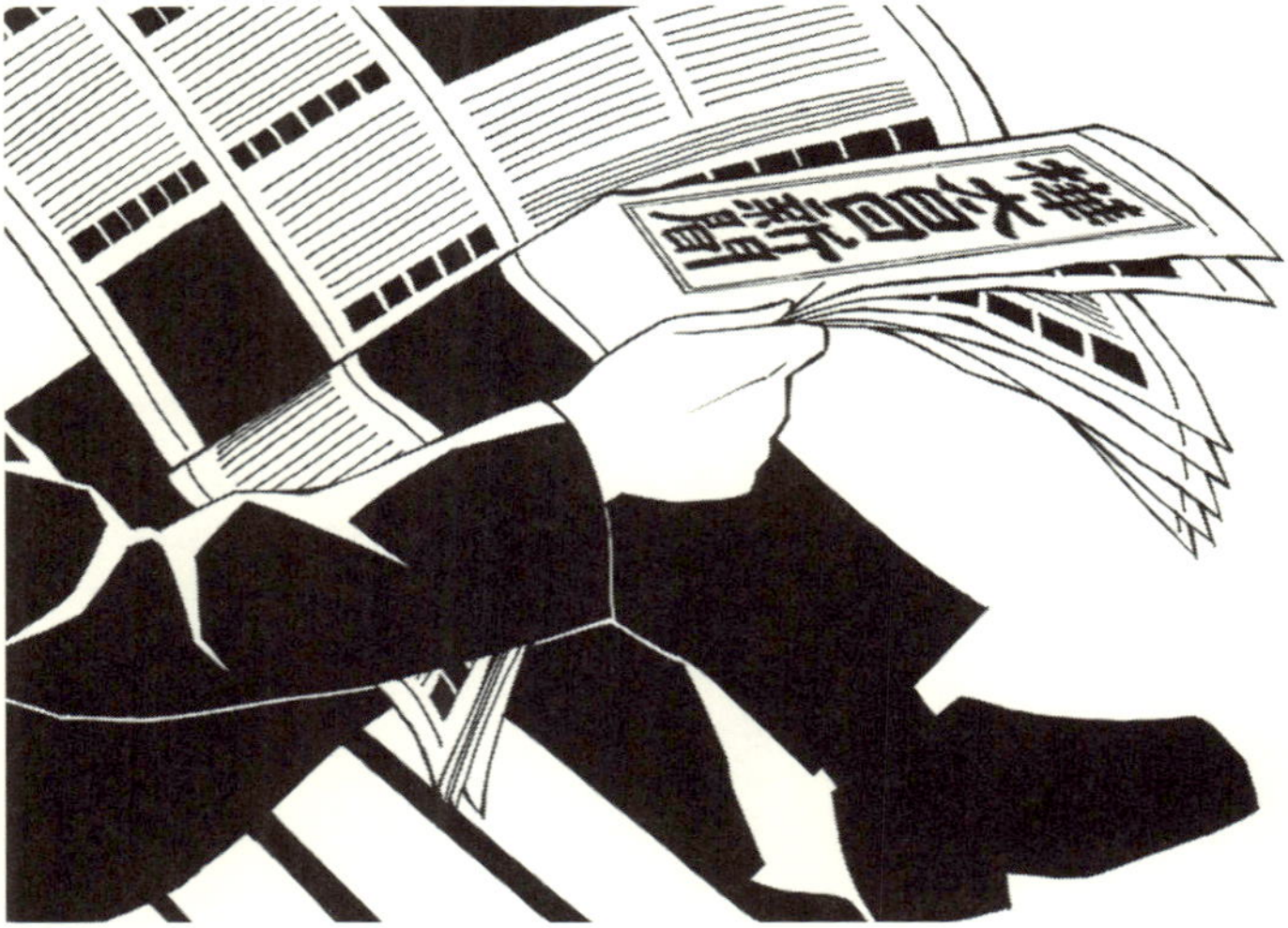

（れ）樺太の新聞

各都道府県《かくとどうふけん》では、全国紙《ぜんこくし》のほか、地方新聞《ちほうしんぶん》が愛読《あいどく》されており、日本施政下《にほんしせいか》の南樺太《みなみからふと》でも、数多《かずおお》くの地方紙《ちほうし》がありました。日刊紙《にっかんし》に限《かぎ》っても、10紙《し》以上《いじょう》が発行《はっこう》されていたのです。

［樺太《からふと》の代表的《だいひょうてき》な日刊紙《にっかんし》］（のち、読売《よみうり》が経営《けいえい》）
樺太日日新聞《からふとにちにちしんぶん》（本社《ほんしゃ》：豊原市《とよはらし》）-明治創刊《めいじそうかん》
樺太時事新聞《からふとじじしんぶん》（本社《ほんしゃ》：真岡町《まおかまち》）-明治創刊《めいじそうかん》
樺太毎日新聞《からふとまいにちしんぶん》（本社《ほんしゃ》：豊原市《とよはらし》）-昭和創刊《しょうわそうかん》
真岡毎日新聞《まおかまいにちしんぶん》（本社《ほんしゃ》：真岡町《まおかまち》）-昭和創刊《しょうわそうかん》
恵須取毎日新聞《えすとるまいにちしんぶん》（本社《ほんしゃ》：恵須取町《えすとるまち》）-昭和創刊《しょうわそうかん》
※日刊各紙《にっかんかくし》は、統合後《とうごうご》、読売系樺太新聞《よみうりけいからふとしんぶん》へ。

NHK豊原放送局《とよはらほうそうきょく》

昭和《しょうわ》16年《ねん》12月開局《がつかいきょく》

（そ）樺太の放送局

大正《たいしょう》14年《ねん》（一九二五年《ねん》）、本州《ほんしゅう》においてラジオ放送《ほうそう》が開始《かいし》されると、数年《すうねん》でラジオは庶民《しょみん》の娯楽《ごらく》の中心《ちゅうしん》となりました。本州《ほんしゅう》において、ラジオの普及台数《ふきゅうだいすう》が増加《ぞうか》する一方《いっぽう》、樺太《からふと》では長《なが》い間《あいだ》、放送局《ほうそうきょく》の設置《せっち》が計画《けいかく》されませんでした。しかし、昭和《しょうわ》11年《ねん》（一九三六年《ねん》）、豊原《とよはら》で試験放送《しけんほうそう》を流《なが》したところ、これが樺太《からふと》島民《とうみん》の間《あいだ》で大人気《だいにんき》になり、日本放送協会《にほんほうそうきょうかい》は、豊原放送局《とよはらほうそうきょく》の開設《かいせつ》を、前向《まえむ》きに検討《けんとう》し始《はじ》めたのです。開設《かいせつ》は、5年後《ねんご》の昭和《しょうわ》16年《ねん》12月《がつ》26日《にち》でした。

（つ）樺太の銭湯

全国《ぜんこく》の銭湯《せんとう》を統括《とうかつ》する全浴連《ぜんよくれん》（全国公衆《ぜんこくこうしゅう》浴場業生活衛生同業組合連合会《よくじょうぎょうせいかつえいせいどうぎょうくみあいれんごうかい》）は、樺太《からふと》の銭湯《せんとう》に関《かん》する資料《しりょう》を持《も》っていません。これは、東京大空襲《とうきょうだいくうしゅう》の最中《さなか》、全浴連所蔵《ぜんよくれんしょぞう》の古資料《こしりょう》がすべて焼《や》き払《はら》われたためです。しかし、元《もと》島民《とうみん》の方々《かたがた》によると、樺太《からふと》にも銭湯《せんとう》があったようです。（豊原《とよはら》には、銭湯《せんとう》が数軒以上《すうけんいじょう》も営業《えいぎょう》をしていたそうです）

樺太《からふと》では、厳冬期《げんとうき》、気温《きおん》が零下《れいか》20度《ど》を下回《したまわ》ります。このようなとき、銭湯《せんとう》からの帰《かえ》り道《みち》で、すぐにタオルが凍《こお》ったそうです。

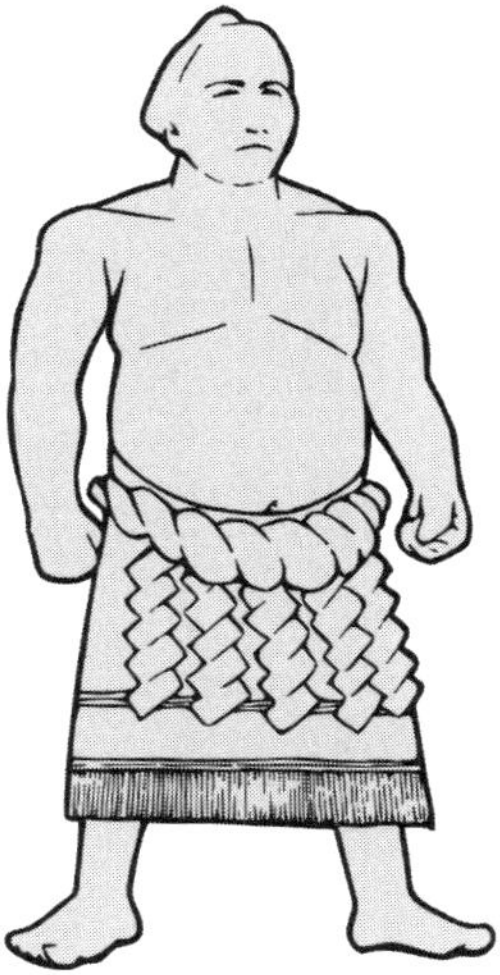

（ね）樺太出身の有名人

昭和《しょうわ》35年《ねん》（一九六〇年《ねん》）、日本経済《にほんけいざい》は、高度成長期《こうどせいちょうき》に入《はい》っていて、前年《ぜんねん》の昭和《しょうわ》34年《ねん》には、オリンピック東京大会《とうきょうたいかい》の開催《かいさい》も決定《けってい》されていました。このような時代《じだい》、日本人《にほんじん》が好《す》きな物《もの》のたとえが、「巨人《きょじん》・大鵬《たいほう》・卵焼《たまごや》き」でした。横綱大鵬《よこづなたいほう》は、幕《まく》の内最高優勝《うちさいこうゆうしょう》32回《かい》の記録《きろく》を持《も》つ力士《りきし》です。この大横綱《だいよこづな》は、樺太《からふと》の敷香郡敷香町《しすかぐんしすかまち》の出身《しゅっしん》です。また、第《だい》5代《だい》北海道知事《ほっかいどうちじ》の堀達也《ほりたつや》氏《し》も、敷香郡泊岸村《しすかぐんとまりけしむら》の出身《しゅっしん》です。（敷香《しすか》は、地元《じもと》の人々《ひとびと》の間《あいだ》では、シッカともいわれます）

稚泊連絡船《ちはくれんらくせん》

稚内《わっかない》⇔大泊《おおどまり》

片道《かたみち》８時間《じかん》

（な）樺太の交通

樺太《からふと》には、樺太庁鉄道《からふとちょうてつどう》が走《はし》っていました。現代風《げんだいふう》にいうと、JR《ジェイアール》樺太《からふと》が走《はし》っていたのです。樺太庁鉄道《からふとちょうてつどう》の基幹路線《きかんろせん》は、豊原《とよはら》と真岡《まおか》を結《むす》ぶ豊真線《ほうしんせん》であり、本州《ほんしゅう》などからの観光客《かんこうきゃく》の間《あいだ》で、人気《にんき》の高《たか》い路線《ろせん》でした。（［観光名所《かんこうめいしょ》］豊真線《ほうしんせん》のループ線《せん》）

樺太《からふと》の幹線道路《かんせんどうろ》としては、大泊《おおどまり》・古屯間《ことんかん》の東部縦貫道路《とうぶじゅうかんどうろ》および本斗《ほんと》・久春内間《くしゅんないかん》の西部《せいぶ》縦貫道路《じゅうかんどうろ》が挙《あ》げられます。

鉄道《てつどう》および道路《どうろ》のほかに、樺太《からふと》で重要《じゅうよう》な移動手段《いどうしゅだん》は、稚泊連絡船《ちはくれんらくせん》などの船《ふね》でした。

（ら）大泊港駅

近代樺太《きんだいからふと》40年《ねん》の時代《じだい》、東京《とうきょう》・樺太間《からふとかん》の移動《いどう》は、二日間程度《ふつかかんていど》の時間《じかん》がかかりました。

①上野《うえの》-青森間《あおもりかん》（夜行列車《やこうれっしゃ》で約《やく》13時間《じかん》）

②青森《あおもり》-函館間《はこだてかん》（青函連絡船《せいかんれんらくせん》で約《やく》4時間《じかん》）

③函館《はこだて》-稚内間《わっかないかん》（急行列車《きゅうこうれっしゃ》で約《やく》18時間《じかん》）

④稚内《わっかない》-大泊間《おおどまりかん》（稚泊連絡船《ちはくれんらくせん》で約《やく》8時間《じかん》）

函館《はこだて》からの急行列車《きゅうこうれっしゃ》は、稚泊連絡船乗《ちはくれんらくせんの》り場《ば》である稚内桟橋駅《わっかないさんばしえき》に停車《ていしゃ》し、稚内《わっかない》からの稚泊《ちはく》連絡船《れんらくせん》は、稚泊連絡船降《ちはくれんらくせんお》り場《ば》である大泊港《おおどまりみなと》駅《えき》に着《つ》いたのです。大泊港駅《おおどまりみなとえき》は、沖合約《おきあいやく》1キロの場所《ばしょ》に建設《けんせつ》されました。

（む）豊原駅

樺太庁鉄道《からふとちょうてつどう》の中心駅《ちゅうしんえき》であった豊原駅《とよはらえき》は、北海道《ほっかいどう》でいうと、札幌駅《さっぽろえき》に相当《そうとう》します。

大正時代末期《たいしょうじだいまっき》ごろに新築《しんちく》された豊原駅《とよはらえき》は、柱《はしら》および梁《はり》の部分《ぶぶん》に木材《もくざい》を使用《しよう》し、外側《そとがわ》を鉄網《てつあみ》で囲《かこ》ったあと、全体《ぜんたい》にコンクリートを塗《ぬ》る木骨鉄網《もっこつてつあみ》コンクリートと呼《よ》ばれる構造《こうぞう》によって建《た》てられていました。駅舎内《えきしゃない》に食堂《しょくどう》まで完備《かんび》されていた豊原駅《とよはらえき》は、本州《ほんしゅう》などからの観光客《かんこうきゃく》の間《あいだ》でも評価《ひょうか》の高《たか》かった立派《りっぱ》な駅《えき》でした。（豊原駅《とよはらえき》は、残念《ざんねん》ながら、昭和《しょうわ》40年代《ねんだい》に、取《と》り壊《こわ》されてしまいました）

（う）真岡駅

豊原《とよはら》から豊真線《ほうしんせん》に乗《の》ると、列車《れっしゃ》は、急勾配《きゅうこうばい》を避《さ》けるため、熊笹峠《くまざさとうげ》の近《ちか》くで、山《やま》の周《まわ》りを円《えん》を描《えが》くように走《はし》りました。これが、観光客《かんこうきゃく》の間《あいだ》で人気《にんき》になった豊真線《ほうしんせん》の宝台《たからだい》ループ線《せん》です。（熊笹峠《くまざさとうげ》では、ソ連軍《れんぐん》の南進《なんしん》を阻止《そし》し、同軍《どうぐん》に北海道侵攻《ほっかいどうしんこう》を断念《だんねん》させた日本《にほん》の将兵《しょうへい》の遺骨《いこつ》が未《いま》だに眠《ねむ》っています。厚生労働省《こうせいろうどうしょう》が遺骨収集《いこつしゅうしゅう》に非協力的《ひきょうりょくてき》だからです）

熊笹峠《くまざさとうげ》を越《こ》えると、列車《れっしゃ》は、真岡町《まおかまち》に入《はい》ります。終点《しゅうてん》の真岡駅《まおかえき》は、上野駅《うえのえき》にも引《ひ》けを取《と》らない、真岡町民自慢《まおかちょうみんじまん》の近代的《きんだいてき》な駅《えき》でした。

（ゐ）第4回・第9回全日本スキー選手権豊原大会

大正《たいしょう》14年《ねん》（一九二五年《ねん》）、スキーの国内統括団体《こくないとうかつだんたい》として全日本《ぜんにほん》スキー連盟《れんめい》が設立《せつりつ》されます。連盟主催《れんめいしゅさい》の第《だい》4回《かい》および第《だい》9回《かい》全日本《ぜんにほん》スキー選手権大会《せんしゅけんたいかい》は、樺太《からふと》の豊原市《とよはらし》で開催《かいさい》されました。第《だい》4回大会《かいたいかい》は、大正《たいしょう》15年《ねん》2月《がつ》に開催《かいさい》され、第《だい》9回《かい》大会《たいかい》は、昭和《しょうわ》6年《ねん》（一九三一年《ねん》）10月《がつ》に開催《かいさい》されました。

雪国樺太《ゆきぐにからふと》のスキー選手《せんしゅ》たちは、大変優秀《たいへんゆうしゅう》で、全日本《ぜんにほん》スキー選手権大会優勝者《せんしゅけんたいかいゆうしょうしゃ》の中《なか》には、樺太出身者《からふとしゅっしんしゃ》が多《おお》く含《ふく》まれています。

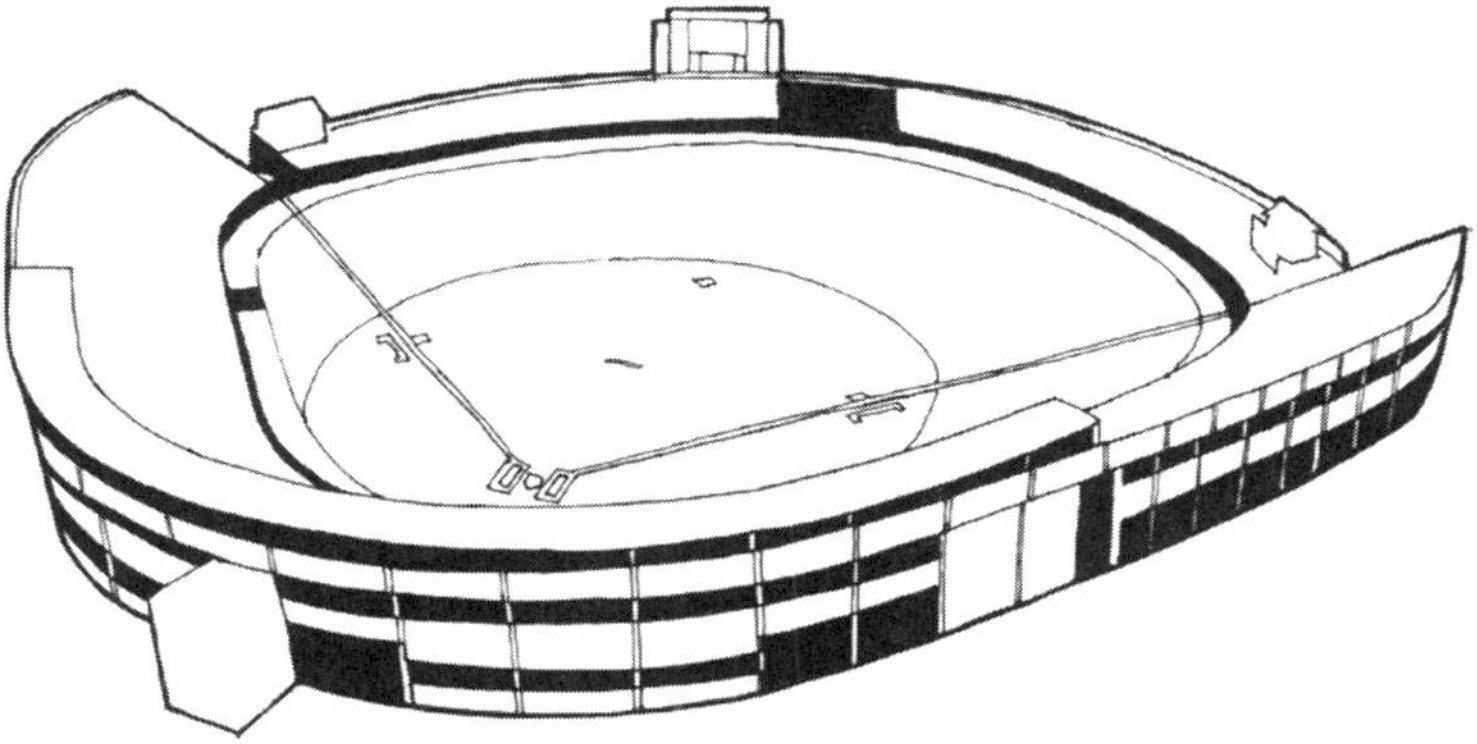

（の）全道樺太実業団野球大会

樺太《からふと》においても、野球《やきゅう》の人気《にんき》は高《たか》く、少年《しょうねん》野球団《やきゅうだん》のほか、社会人野球団《しゃかいじんやきゅうだん》がありました。しかし、樺太《からふと》の人口《じんこう》は少《すく》なく、北方《ほっぽう》の風土《ふうど》も大変厳《たいへんきび》しかったため、樺太《からふと》が単独《たんどく》で実業団《じつぎょうだん》野球《やきゅう》を組織《そしき》することは困難《こんなん》でした。この結果《けっか》、昭和《しょうわ》4年《ねん》（一九二九年《ねん》）、樺太《からふと》の社会人野球団《しゃかいじんやきゅうだん》は、全道実業団《ぜんどうじつぎょうだん》野球大会《やきゅうたいかい》に所属《しょぞく》することとなり、大会《たいかい》の名称《めいしょう》も、全道《ぜんどう》樺太実業団野球大会《からふとじつぎょうだんやきゅうたいかい》に改《あらた》められたのです。のちにこの大会《たいかい》は、札幌市円山球場《さっぽろしまるやまきゅうじょう》を中心《ちゅうしん》に、数々《かずかず》の熱戦《ねっせん》をくり広《ひろ》げました。

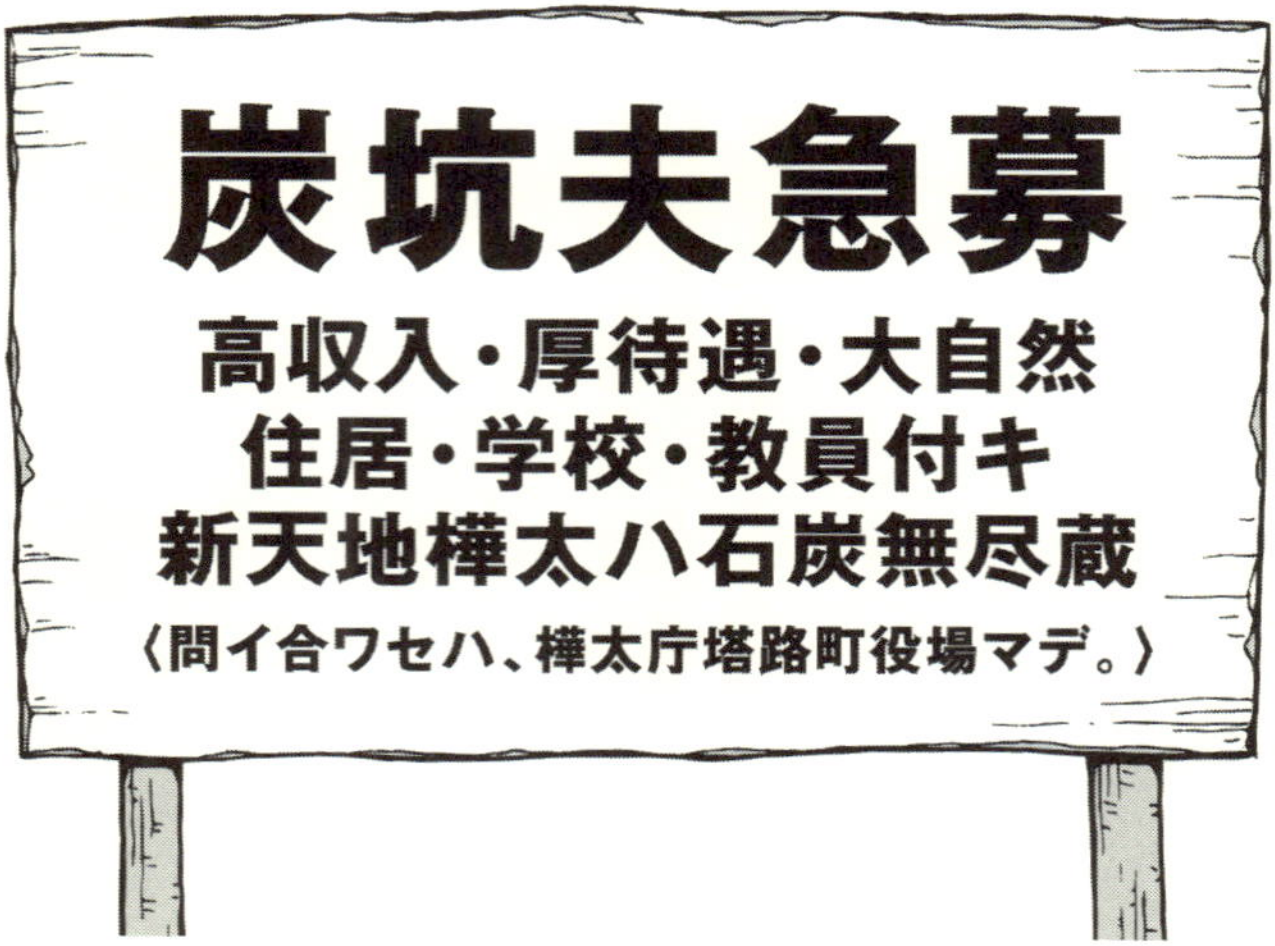
炭坑夫急募
高収入・厚待遇・大自然
住居・学校・教員付キ
新天地樺太ハ石炭無尽蔵
〈問イ合ワセハ、樺太庁塔路町役場マデ。〉

（お）樺太への勧誘

樺太《からふと》は、人口《じんこう》が多《おお》い本州《ほんしゅう》にとっては、遠隔地《えんかくち》に相当《そうとう》し、その北方《ほっぽう》の風土《ふうど》も大変《たいへん》厳《きび》しかったため、その人口《じんこう》は、明治後期《めいじこうき》ごろ、容易《ようい》には増加《ぞうか》しませんでした。

明治政府《めいじせいふ》は、樺太開拓事業《からふとかいたくじぎょう》を軌道《きどう》に乗《の》せるために、徹底的《てっていてき》な樺太研究《からふとけんきゅう》をおこない、この研究《けんきゅう》と平行《へいこう》して、樺太移住者《からふといじゅうしゃ》への優遇政策《ゆうぐうせいさく》を実施《じっし》します。樺太《からふと》に赴任《ふにん》した教員《きょういん》などには、給与《きゅうよ》のほか、樺太在勤加俸《からふとざいきんかほう》が支給《しきゅう》され、これらの方々《かたがた》の年収《ねんしゅう》は、東京勤務《とうきょうきんむ》の大卒者年収《だいそつしゃねんしゅう》を上回《うわまわ》っていたそうです。（加俸《かほう》は、約六割五分《やくろくわりごぶ》）

＜筆者質問《ひっしゃしつもん》＞
植民地《しょくみんち》に住《す》んでいるという感覚《かんかく》はありましたか。
＜元島民回答《もととうみんかいとう》＞
そういう感覚《かんかく》はなかったねぇ。

（く）語り部による樺太の暮らし

南樺太《みなみからふと》は、日本復帰後《にほんふっきご》、外地《がいち》に編入《へんにゅう》され、法律上《ほうりつじょう》、植民地《しょくみんち》とみなされました。歴史的《れきしてき》に日本《にほん》である樺太《からふと》が、法律上《ほうりつじょう》、植民地《しょくみんち》として扱《あつか》われた理由《りゆう》としては、次《つぎ》のようなことが考《かんが》えられます。①樺太《からふと》が、事実上《じじつじょう》、露国《ろこく》に併合《へいごう》されたとき、明治政府《めいじせいふ》は、樹立直後《じゅりつちょくご》であり、樺太関連《からふとかんれん》の法律《ほうりつ》を未整備《みせいび》としていた。②日露戦争《にちろせんそう》の勝利《しょうり》を明白《めいはく》にするため、南樺太《みなみからふと》を、国際法上《こくさいほうじょう》、露国《ろこく》からの割譲地《かつじょうち》とする必要性《ひつようせい》があった。

元島民《もととうみん》の方々《かたがた》に、樺太《からふと》での生活《せいかつ》の様子《ようす》をお尋《たず》ねし、上記《じょうき》のような回答《かいとう》が得《え》られました。

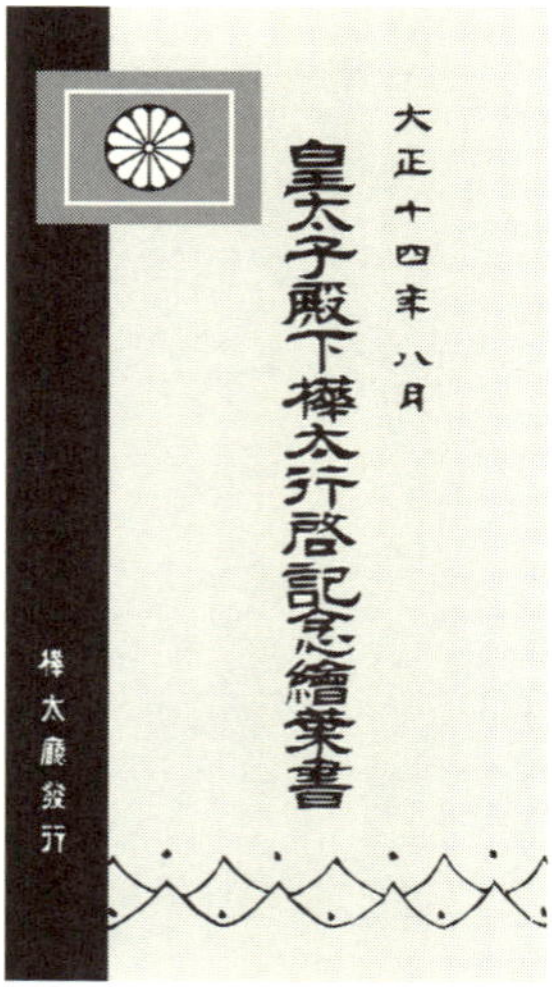

（や）皇太子殿下行啓

大正《たいしょう》14年《ねん》（一九二五年《ねん》）、皇太子殿下《こうたいしでんか》（後《のち》の昭和天皇《しょうわてんのう》）が、樺太《からふと》を訪問《ほうもん》されました。

皇族方《こうぞくがた》が外国《がいこく》へ訪問《ほうもん》される場合《ばあい》、皇族方《こうぞくがた》をお出迎《でむか》えするのは、外国政府《がいこくせいふ》です。皇族方《こうぞくがた》が植民地《しょくみんち》へ訪問《ほうもん》される場合《ばあい》、皇族方《こうぞくがた》をお出迎《でむか》えするのは、総督府《そうとくふ》です。皇太子殿下《こうたいしでんか》が樺太《からふと》行啓《ぎょうけい》をおこなわれたとき、一行《いっこう》をお出迎《でむか》えしたのは、豊原市《とよはらし》、真岡町《まおかまち》、大泊町《おおどまりまち》などで構成《こうせい》される樺太庁《からふとちょう》でした。樺太訪問《からふとほうもん》は、ほとんど内地訪問《ないちほうもん》と変《か》わりがなかったように考《かん》えられます。

(ま) 樺太犬

日本固有種《にほんこゆうしゅ》である樺太犬《からふとけん》は、寒《さむ》さおよび粗食《そしょく》に強《つよ》く、極《きわ》めて飼《か》い主《ぬし》に忠実《ちゅうじつ》です。この非常《ひじょう》に飼《か》い主《ぬし》に忠実《ちゅうじつ》であるという点《てん》で、樺太《からふと》犬《けん》は、典型的《てんけいてき》な日本犬《にほんけん》です。あの南極物語《なんきょくものがたり》に登場《とうじょう》する有名《ゆうめい》なタロとジロも樺太犬《からふとけん》です。(タロの剥製《はくせい》は、札幌北海道大学植物園《さっぽろほっかいどうだいがくしょくぶつえん》に展示《てんじ》されており、ジロの剥製《はくせい》は、上野国立《うえのこくりつ》科学博物館《かがくはくぶつかん》に展示《てんじ》されています)

南樺太《みなみからふと》では、樺太庁逓信課《からふとちょうていしんか》が、樺太犬《からふとけん》の有能性《ゆうのうせい》および忠実性《ちゅうじつせい》に着目《ちゃくもく》し、多《おお》くの樺太犬《からふとけん》を輸送力強化《ゆそうりょくきょうか》の手段《しゅだん》として利用《りよう》しました。

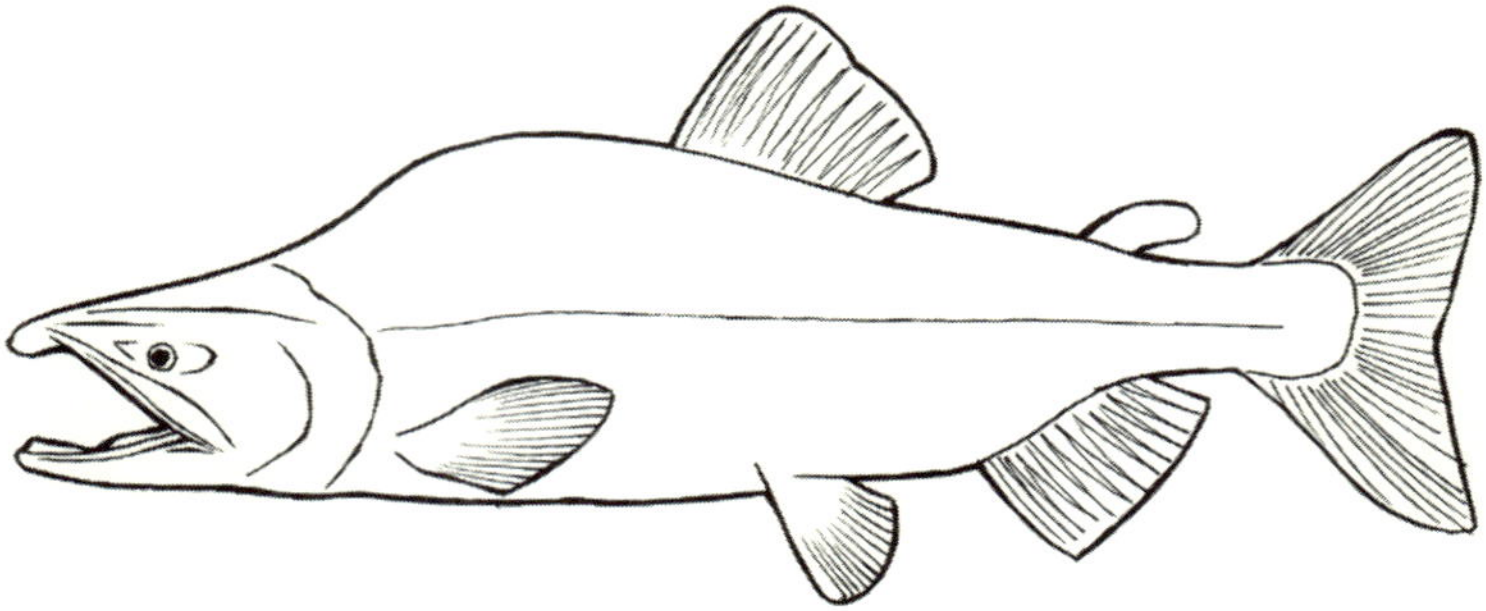

（け）樺太鱒

鮭《さけ》の缶詰《かんづめ》を購入《こうにゅう》すると、缶《かん》の側面《そくめん》に、中身《なかみ》は樺太鱒《からふとます》であるという注意書《ちゅういが》きが貼《は》りつけられていることがあります。樺太鱒《からふとます》は、サケ科《か》の魚《さかな》ですから、特《とく》に問題《もんだい》ないのですが、自分《じぶん》が食《た》べている鮭《さけ》が実《じつ》は樺太鱒《からふとます》であるという事実《じじつ》を知《し》らずに食《た》べている人《ひと》も多《おお》いはずです。回転寿司《かいてんずし》などで、ときおり、粒《つぶ》が小《ちい》さめの筋子《すじこ》またはイクラの軍艦巻《ぐんかんま》きが流《なが》れて来《く》ることがあります。あの小《ちい》さめの筋子《すじこ》は、多《おお》くの場合《ばあい》、樺太鱒《からふとます》の卵《たまご》です。樺太鱒《からふとます》は、樺太《からふと》に大《だい》遡上《そじょう》するため、樺太鱒《からふとます》と呼《よ》ばれるのです。

（ふ）トナカイ

同《おな》じ樺太《からふと》といっても、北樺太《きたからふと》と南樺太《みなみからふと》では、だいぶ様子《ようす》が異《こと》なります。亜庭湾周辺《あにわわんしゅうへん》は、稲作《いなさく》も検討《けんとう》されたほど、温暖《おんだん》な一面《いちめん》を持《も》っていますが、北端《ほくたん》のガオト岬周辺《みさきしゅうへん》は、年間《ねんかん》の平均気温《へいきんきおん》が零度以下《れいどいか》です。稲作《いなさく》どころの話《はなし》ではありません。トナカイも、北樺太《きたからふと》では多《おお》く見《み》かけますが、南樺太《みなみからふと》では、敷香《しすか》を除《のぞ》く地域《ちいき》で、ほとんど見《み》ることはありません。豊原《とよはら》市街《しがい》に暮《く》らしている方《かた》が、敷香周辺《しすかしゅうへん》で、コケを食《た》べる野生《やせい》のトナカイを目撃《もくげき》して、非常《ひじょう》に感動《かんどう》したそうです。（敷香《しすか》は、ツンドラ地帯《ちたい》）

（こ）マリモ

マリモといえば、国《くに》の特別天然記念物《とくべつてんねんきねんぶつ》に指定《してい》されている北海道阿寒湖《ほっかいどうあかんこ》のものが有名《ゆうめい》ですが、樺太《からふと》においても、マリモは生息《せいそく》しています。樺太《からふと》の富内村《とんないむら》には、富内湖《とんないこ》のほか、恩洞湖《おんどうこ》、遠幌湖《とおほろこ》、能仁湖《のうにこ》、頭場湖《とうばこ》などの湖沼《こしょう》が多数《たすう》存在《そんざい》し、これらの湖《みずうみ》には、多《おお》くのマリモが生息《せいそく》しています。頭場湖《とうばこ》のマリモは、北海道《ほっかいどう》の物《もの》と種類《しゅるい》が異《こと》なるため、樺太天然記念物《からふとてんねんきねんぶつ》に指定《してい》されています。昭和初期《しょうわしょき》、樺太《からふと》では、金魚鉢《きんぎょばち》にマリモを入《い》れることが大流行《だいりゅうこう》し、マリモが足《た》りなくなり、大変《たいへん》だったそうです。

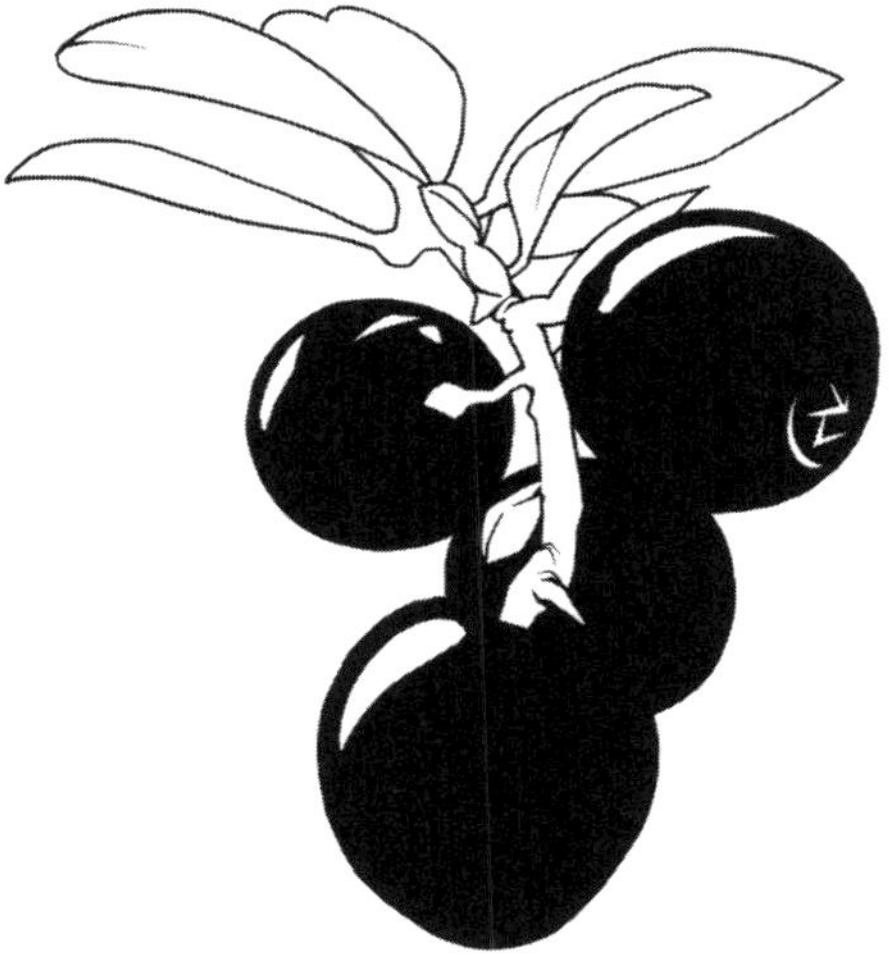

（え）フレップ

フレップ（コケモモ）と呼《よ》ばれるコンペイトウ程度《ていど》の大《おお》きさの木《き》の実《み》があります。フレップは、涼《すず》しい場所《ばしょ》で育《そだ》つ植物《しょくぶつ》ですから、北海道《ほっかいどう》や本州《ほんしゅう》では、高山地帯《こうざんちたい》をのぞき、見《み》かけることはまれです。しかし、亜寒帯《あかんたい》に属《ぞく》する樺太《からふと》では、平地《へいち》でも、野生《やせい》のフレップを見かけることがあります。南樺太《みなみからふと》では、近《ちか》くの野原《のはら》でも簡単《かんたん》にできるフレップ採《と》りは、子供《こども》たちが大好《だいす》きな遊《あそ》びでした。採取《さいしゅ》したフレップは、そのまま口《くち》に運《はこ》んでも、ジャムにしても、最高《さいこう》だったそうです。

（フレップ＝アイヌ語《ご》の赤《あか》い物《もの》）

（て）氷下魚

樺太《からふと》独特《どくとく》の氷下魚漁《かんかいりょう》という地方漁法《ちほうりょうほう》があります。氷下魚《かんかい》というのは、アイヌ語《ご》ですが、和語《わご》では、氷下魚《こまい》と言《い》います。氷下魚漁《かんかいりょう》は、樺太《からふと》の海《うみ》が氷結《ひょうけつ》する1月頃《がつごろ》、氷《こおり》に穴《あな》を開《あ》けておこないます。本州《ほんしゅう》でも、氷《こお》った湖《みずうみ》に穴《あな》を開《あ》け、ワカサギを釣《つ》ることがありますが、これは、穴《あな》から釣《つ》り糸《いと》を垂《た》らし、一匹《いっぴき》から数匹《すうひき》ずつを釣《つ》ります。しかし、氷下魚漁《かんかいりょう》は、氷下《ひょうか》網《あみ》を建《た》て込《こ》み、大漁《たいりょう》を狙《ねら》うのです。魚《さかな》は、樺太犬《からふとけん》の犬橇《いぬぞり》で運《はこ》ぶほど、たくさん獲《と》れたそうです。（ウマイとのことです）

（あ）コンブ

近代樺太《きんだいからふと》40年《ねん》の時代《じだい》においても、現在《げんざい》においても、コンブといえば、北海道《ほっかいどう》です。道《どう》のコンブ水揚量《みずあげりょう》は、今《いま》も昔《むかし》も、全国水揚量《ぜんこくみずあげりょう》の8割以上《わりいじょう》です。利尻《りしり》コンブ、羅臼《らうす》コンブ、真《ま》コンブという名前《なまえ》を聞《き》いて、知《し》らない人《ひと》は、さほど多《おお》くないはずです。

北海道《ほっかいどう》の水揚量《みずあげりょう》と比較《ひかく》すれば、かなりの格差《かくさ》があったものの、南樺太《みなみからふと》のコンブ水揚量《みずあげりょう》も、全国《ぜんこく》2位《い》の約《やく》1割《わり》に達《たっ》していたのです。

南樺太産《みなみからふとさん》のコンブは、北海道産《ほっかいどうさん》の高級品《こうきゅうひん》に引《ひ》けを取《と》らず、高値《たかね》で売買《ばいばい》されていました。

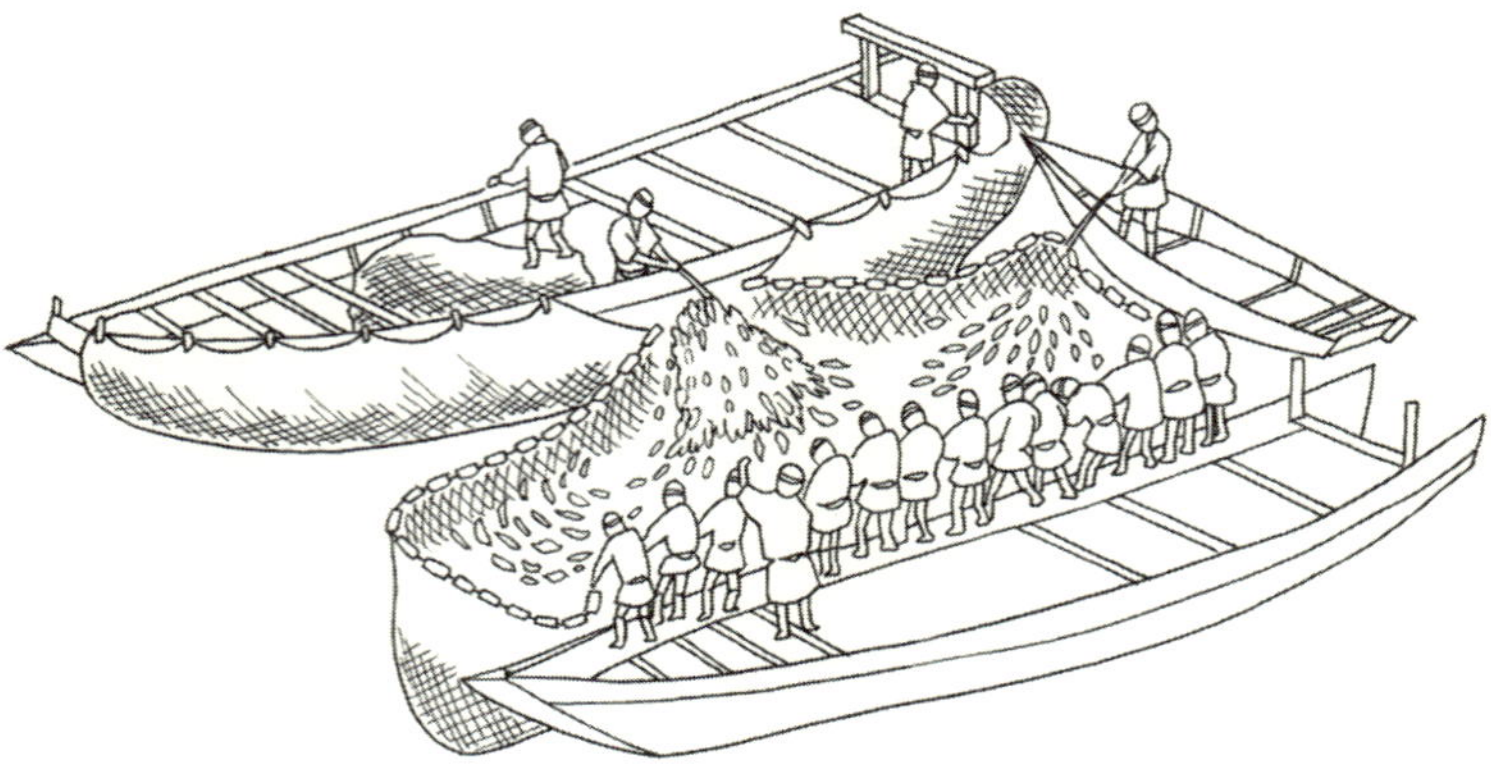

（さ）鰊

樺太《からふと》では、鰊《にしん》が多《おお》く獲《と》れます。一説《いっせつ》では、アイヌ語《ご》のカラ（鰊《にしん》）とフト（多《おお》い）が合体《がったい》し、樺太《からふと》という地名《ちめい》が生《う》まれたと言《い》われるほどです。（近年《きんねん》、北方《ほっぽう》の鰊《にしん》は、不漁《ふりょう》のようです）

南樺太《みなみからふと》においては、鰊《にしん》の漁場《ぎょじょう》を鰊場《にしんば》と呼《よ》び、豊富《ほうふ》な鰊場《にしんば》は、日本《にほん》の樺太経営《からふとけいえい》の礎《いしずえ》の一《ひと》つとなっていました。南樺太《みなみからふと》では、鮭《さけ》および鱒《ます》なども多《おお》く獲《と》れましたが、鰊《にしん》は、桁違《けたちが》いに多《おお》く獲《と》れ、本州《ほんしゅう》へも移出《いしゅつ》されていました。

南樺太《みなみからふと》では、鰊《にしん》を、身欠《みが》き鰊《にしん》という干物《ひもの》にし、保存食《ほぞんしょく》としても利用《りよう》していたのです。

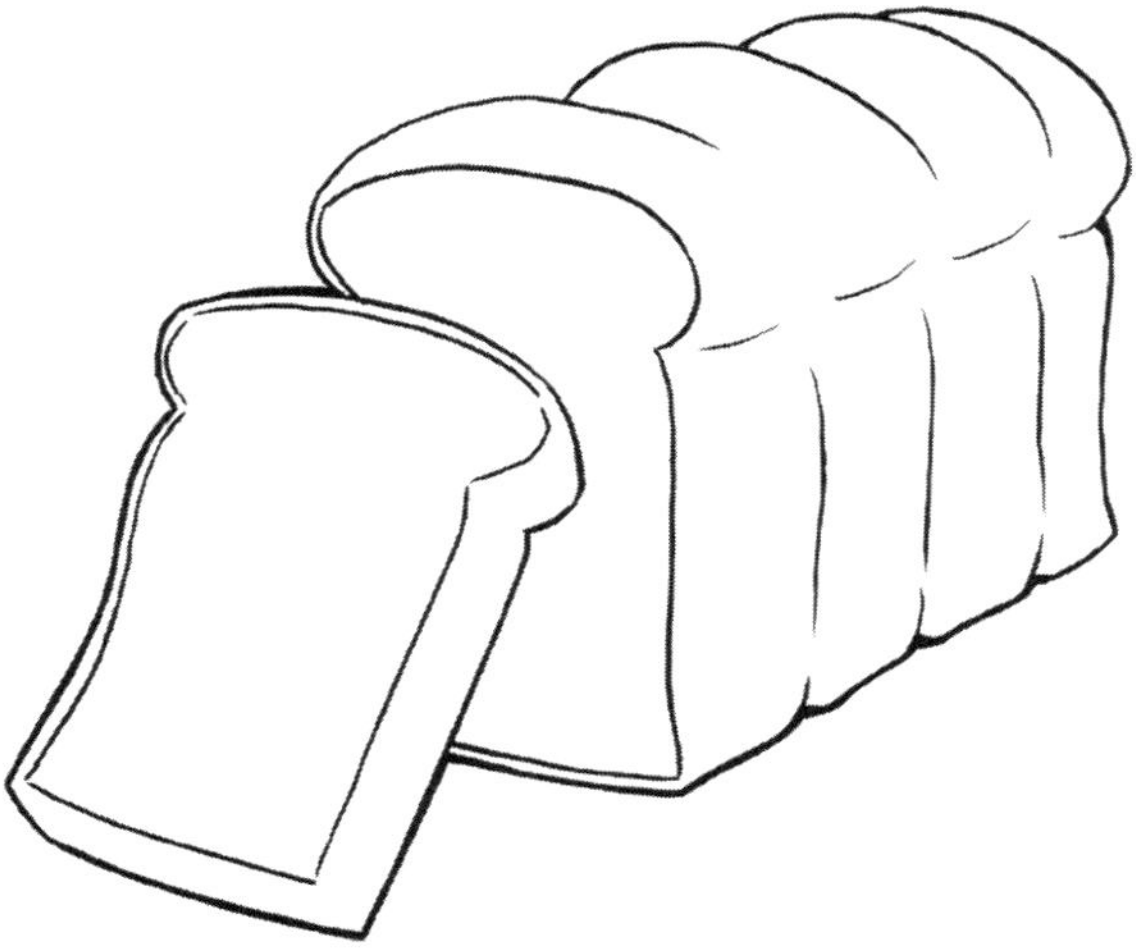

（き）白パン

樺太《からふと》の千歳村《ちとせむら》にあった新場駅《しんばえき》は、交通《こうつう》の要衝《ようしょう》で、豊原出張《とよはらしゅっちょう》に出向《でむ》く多《おお》く人々《ひとびと》が通過《つうか》しました。新場《しんば》では、ロシア人《じん》が、日本人好《にほんじんごの》みの香《かお》り良《よ》い白《しろ》パンを売《う》っており、この白《しろ》パンは、出張土産《しゅっちょうみやげ》として、大変人気《たいへんにんき》が高《たか》かったそうです。この白《しろ》パンは、露助《ろすけ》パンと呼《よ》ばれましたが、当時《とうじ》の樺太《からふと》では、露助《ろすけ》は、非差別《ひさべつ》用語《ようご》でした。（左記《さき》は、南樺太《みなみからふと》の参考物価《さんこうぶっか》です）

①露助《ろすけ》パン1斤《きん》は、5銭《せん》から10銭《せん》。
②1時間《じかん》のビラ撒《ま》きまたは旗持《はたも》ちは、40銭《せん》。
③3時間《じかん》から4時間《じかん》の下足番《げそくばん》は、50銭《せん》。

（ゆ）黒パン

ロシア人《じん》は、元来《がんらい》、黒《くろ》パンを主食《しゅしょく》としています。南樺太《みなみからふと》に残留《ざんりゅう》したロシア人《じん》の多《おお》くは、文化的《ぶんかてき》に日本人《にほんじん》に同化《どうか》していたため、黒《くろ》パンを食《た》べることはまれだったようです。ロシア人《じん》の子供《こども》たちは、日本《にほん》の公立学校《こうりつがっこう》に通《かよ》い、上手《じょうず》な日本語《にほんご》を話《はな》し、白米《はくまい》に沢庵漬《たくあんづけ》などの弁当《べんとう》を持《も》って来《き》ていたのです。（習字《しゅうじ》もしたのです）

平和《へいわ》な南樺太《みなみからふと》では、黒《くろ》パンは、まれな食品《しょくひん》でしたが、ソ連占領下《れんせんりょうか》の南樺太《みなみからふと》では、ソ連兵《れんぺい》の主食《しゅしょく》でした。日本人《にほんじん》と仲良《なかよ》くしたい兵隊《へいたい》は、日本人《にほんじん》に、黒《くろ》パンを渡《わた》すこともありました。

海馬島《かいばとう》

樺太《からふと》の西海岸沖《にしかいがんおき》に浮《う》かぶ島《しま》

海馬島

（め）海馬島

樺太《からふと》と海馬島《かいばとう》の関係《かんけい》は、新潟県《にいがたけん》と佐渡島《さどがしま》または長崎県《ながさきけん》と対馬《つしま》のような関係《かんけい》です。

近代樺太《きんだいからふと》40年《ねん》の時代《じだい》、海馬島《かいばとう》は、島全体《しまぜんたい》で海馬村《かいばむら》を形成《けいせい》し、その人口《じんこう》は、約《やく》七五〇名《めい》でした。村《むら》には、北古丹《きたこたん》、南古丹《みなみこたん》、長浜《ながはま》、泊《とまり》皿《ざら》などの集落《しゅうらく》が点在《てんざい》し、海馬村役場《かいばむらやくば》のあった北古丹《きたこたん》が最大集落《さいだいしゅうらく》でありました。

学校《がっこう》は、北古丹《きたこたん》に、海馬島第一小学校《かいばとうだいいちしょうがっこう》があり、泊皿《とまりざら》に、海馬島第二小学校《かいばとうだいにしょうがっこう》があったのです。島《しま》は、稚斗連絡船《ちとれんらくせん》で有名《ゆうめい》な本斗町《ほんとまち》と船《ふね》で結《むす》ばれていました。（現在《げんざい》、無人島《むじんとう》）

海豹島《かいひょうとう》

オットセイの島《しま》

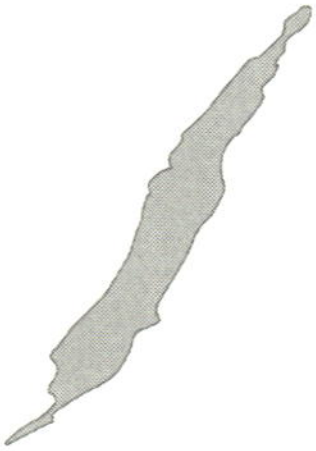

海豹島

（み）海豹島

海豹島《かいひょうとう》は、樺太東海岸《からふとひがしかいがん》に浮《う》かぶ小《ちい》さな島《しま》です。この島《しま》の面積《めんせき》は、東京近辺《とうきょうきんぺん》にある平均的《へいきんてき》な小学校《しょうがっこう》の広《ひろ》さと大差《たいさ》ありません。この島《しま》は、昔《むかし》から無人島《むじんとう》ですが、島内《とうない》には、たくさんのオットセイが住《す》みついています。この島《しま》の名《な》は、海豹島《かいひょうとう》であり、海豹《あざらし》の島《しま》という意味《いみ》ですが、アザラシはいないのです。最初《さいしょ》にこの島《しま》を発見《はっけん》した方《かた》が、オットセイをアザラシと勘違《かんちが》いしたのです。海豹島《かいひょうとう》には、多数《たすう》のロッペン鳥《とり》も住《す》みついており、島《しま》の別名《べつめい》は、ロッペン島《とう》です。（島《しま》は、散江村《ちりえむら》の一部《いちぶ》です）

二丈岩《にじょういわ》

樺太最南端《からふとさいなんたん》の地《ち》

(し) 二丈岩

二丈岩《にじょういわ》は、宗谷海峡《そうやかいきょう》に浮《う》かぶ岩礁《がんしょう》です。

この岩礁《がんしょう》は、西能登呂岬《にしのとろみさき》からは15キロ弱《じゃく》の地点《ちてん》に、宗谷岬《そうやみさき》からは30キロ弱《じゃく》の地点《ちてん》に存在《そんざい》し、樺太最南端《からふとさいなんたん》の地《ち》です。二丈岩《にじょういわ》までが、日《にっ》ソ中立条約《ちゅうりつじょうやく》を無視《むし》し、南樺太《みなみからふと》を不法占拠《ふほうせんきょ》したソビエト連邦《れんぽう》の後継国《こうけいこく》であるロシア連邦《れんぽう》により、実効支配《じっこうしはい》されています。

二丈岩周辺《にじょういわしゅうへん》では、座礁事故《ざしょうじこ》が頻発《ひんぱつ》したため、日本《にほん》は、昭和初期《しょうわしょき》に、この岩礁《がんしょう》に灯台《とうだい》を建設《けんせつ》しました。（この灯台《とうだい》は現在《げんざい》も存在《そんざい》します）

二丈岩《にじょういわ》は、留多加郡能登呂村《るうたかぐんのとろむら》の一部《いちぶ》です。

（ゑ）神道

神道《しんとう》は、日本独特《にほんどくとく》の多神教《たしんきょう》です。神道《しんとう》では、いろいろな物《もの》に神様《かみさま》が宿《やど》っています。このいろいろな物《もの》に宿《やど》っている神々《かみがみ》は、八百万《やおよろず》の神様《かみさま》と呼《よ》ばれます。（入浴前《にゅうよくまえ》、水《みず》の神様《かみさま》や火《ひ》の神様《かみさま》に、お礼《れい》をいうのは、神道《しんとう》の考《かんが》え方《かた》に基《もと》づいています。昔《むかし》は、日常的《にちじょうてき》なことでした）

「南樺太《みなみからふと》における代表的《だいひょうてき》な神社《じんじゃ》」（ほか多数《たすう》）

官幣大社樺太神社《かんぺいたいしゃからふとじんじゃ》（明治《めいじ》44年鎮座《ねんちんざ》）
県社豊原神社《けんしゃとよはらじんじゃ》（明治《めいじ》41年鎮座《ねんちんざ》）
県社亜庭神社《けんしゃあにわじんじゃ》（大正《たいしょう》3年鎮座《ねんちんざ》）
県社真岡神社《けんしゃまおかじんじゃ》（明治《めいじ》43年鎮座《ねんちんざ》）

（ひ）カムイ

樺太《からふと》アイヌは、アイヌ民族《みんぞく》の間《あいだ》で広《ひろ》く信《しん》じられていたカムイという宗教《しゅうきょう》を守《まも》っていました。（カムイは、樺太《からふと》アイヌの間以外《あいだいがい》に、北海道《ほっかいどう》アイヌおよび千島《ちしま》アイヌの間《あいだ》でも信仰《しんこう》されていました）カムイにおいては、さまざまな生《い》き物《もの》などが、神《かみ》の仮《かり》の姿《すがた》であると信《しん》じられていました。たとえば、熊《くま》（山《やま》の神《かみ》）や鮭《さけ》（神《かみ》の魚《さかな》）などが挙《あ》げられます。

アイヌ民族《みんぞく》は、7世紀前後《せいきぜんご》のオホーツク文化《ぶんか》に影響《えいきょう》され、熊《くま》を山《やま》の神《かみ》と信《しん》じるようになったと考《かんが》えられています。

（も）仏教

仏教《ぶっきょう》は、お釈迦様《しゃかさま》が開《ひら》いた御教《みおし》えであり、真如《しんにょ》の教《おし》えだそうです。お釈迦様《しゃかさま》は、木《き》の下《した》で悟《さと》りを開《ひら》いたといわれています。

確《たし》かな記録《きろく》はありませんが、樺太《からふと》が仏教《ぶっきょう》と初《はじ》めて接《せっ》したのは、13世紀末《せいきまつ》であるという言《い》い伝《つた》えがあります。このころ、日蓮聖人《にちれんしょうにん》の弟子《でし》である日持上人《にちじしょうにん》が、布教《ふきょう》のため、樺太《からふと》に上陸《じょうりく》したようです。この言《い》い伝《つた》えに基《もと》づき、のちに、豊原市《とよはらし》には、上人《しょうにん》の銅像《どうぞう》が建立《こんりゅう》されました。（南樺太《みなみからふと》では、日蓮宗《にちれんしゅう》のほか、浄土《じょうど》真宗《しんしゅう》、曹洞宗《そうとうしゅう》などが布教《ふきょう》されていたのです）

（せ）キリスト教

キリスト教《きょう》は、完全《かんぜん》な一神教《いっしんきょう》であり、神《かみ》の子《こ》であるイエスが救世主《きゅうせいしゅ》（キリスト）であるという教《おし》えをします。キリスト教《きょう》においては、イエスを救世主《きゅうせいしゅ》と信《しん》じる人《ひと》のみが救《すく》われるという考《かんが》え方《かた》をするのです。

南樺太長浜村《みなみからふとながはまむら》の荒栗部落《あらくりぶらく》は、ロマノフ朝《ちょう》30年時代《ねんじだい》からの露助部落《ろすけぶらく》であり、この村《むら》の老人《ろうじん》たちは、ロシア正教《せいきょう》を信仰《しんこう》していたようです。（南樺太《みなみからふと》では、ロシア正教《せいきょう》の他《ほか》、日本人《にほんじん》向《む》けのキリスト教布教《きょうふきょう》もおこなわれていました。カトリック信者《しんじゃ》などが存在《そんざい》しました）

昭和《しょうわ》17年《ねん》

樺太《からふと》の正式《せいしき》な内地編入《ないちへんにゅう》

↓

北海道庁《ほっかいどうちょう》・樺太庁連絡会議《からふとちょうれんらくかいぎ》の設置《せっち》

（両庁《りょうちょう》[類似地域《るいじちいき》]の協力強化《きょうりょくきょうか》）

（す）北海道庁・樺太庁連絡協議会

北海道《ほっかいどう》と樺太《からふと》は、歴史的《れきしてき》に考《かんが》えれば、双子《ふたご》のような関係《かんけい》ですが、明治《めいじ》8年《ねん》（一八七五年《ねん》）、両者《りょうしゃ》は、引《ひ》き裂《さ》かれてしまいました。

北海道《ほっかいどう》と樺太《からふと》は、明治《めいじ》38年《ねん》、再《ふたた》び、共《とも》に歩《あゆ》み始《はじ》めました。（北樺太《きたからふと》が回復《かいふく》できなかったことが、誠《まこと》に残念《ざんねん》でなりません）

長《なが》い間《あいだ》、管轄省《かんかつしょう》の異《こと》なった両者《りょうしゃ》は、ようやく、昭和《しょうわ》17年《ねん》（一九四二年《ねん》）、共《とも》に、内務省《ないむしょう》の管轄下《かんかつか》となったのです。

第一回連絡協議会《だいいっかいれんらくきょうぎかい》には、北海道庁長官《ほっかいどうちょうちょうかん》および樺太庁長官《からふとちょうちょうかん》が出席《しゅっせき》しました。

（ん）せめて樺太の見える稚内へ

昭和《しょうわ》20年《ねん》（一九四五年《ねん》）より少《すこ》し前《まえ》、まだ戦争《せんそう》の影響《えいきょう》で樺太《からふと》（南樺太《みなみからふと》）の人口《じんこう》が減少《げんしょう》し始《はじ》めていない時期《じき》、樺太《からふと》の人口《じんこう》は約《やく》40万人《まんにん》でした。

戦後《せんご》、樺太島民《からふととうみん》40万人《まんにん》は、ソビエト連邦《れんぽう》の理不尽《りふじん》な政策《せいさく》により、故郷《こきょう》を奪《うば》われましたが、多《おお》くの元島民《もととうみん》の方々《かたがた》は、樺太《からふと》を懐《なつ》かしみ、樺太《からふと》の見《み》える北海道宗谷郡稚内町《ほっかいどうそうやぐんわっかないちょう》への定住《ていじゅう》を決《き》めたのです。昭和《しょうわ》24年《ねん》の同町《どうちょう》の記録《きろく》によると、四九六一名《めい》の方々《かたがた》が、同地《どうち》に定住《ていじゅう》されていたのです。

終章　夏露の未だ乾かぬ樺太よ

平成《へいせい》９年《ねん》の気象庁発表《きしょうちょうはっぴょう》

樺太《からふと》の呼称《こしょう》を露名《ろめい》（サハリン）に変更《へんこう》

（い）夏露の未だ乾かぬ樺太よ

　62年前《ねんまえ》、ソビエト連邦《れんぽう》が樺太《からふと》でおこなった違法行為《いほうこうい》は、樺太島民《からふととうみん》40万同胞《まんどうほう》の生命《せいめい》および財産《ざいさん》を奪《うば》い取《と》りました。しかし今《いま》、日本国民《にほんこくみん》の多《おお》くは、南樺太問題《みなみからふともんだい》の存在《そんざい》すら忘《わす》れ去《さ》ろうとしています。（日《にっ》ソ中立条約《ちゅうりつじょうやく》無視《むし》など）

　戦後《せんご》、歴史《れきし》の浅《あさ》いアメリカは、日本人《にほんじん》の伝統的精神《でんとうてきせいしん》を恐《おそ》れ、それを破壊《はかい》するため、さまざまな工作《こうさく》をおこないました。３エス政策《せいさく》なども、その一《ひと》つです。歴史《れきし》の浅《あさ》い国《くに》がとった対日《たいにち》政策《せいさく》は、誠《まこと》に残念《ざんねん》ながら、不可能《ふかのう》を可能《かのう》とした世界史上最《せかいしじょうもっと》も完成度《かんせいど》の高《たか》い工作《こうさく》です。

執筆を終えて

近年、北海道を中心に、日露友好を叫ぶ声が高まっている。それはそれで、大変素晴しいことである。しかしながら、歴史を顧みず、ただ単に友好を唱えることは、非常に危険である。日露友好を唱える以上、最低限、ロシアという国が、どの様な過程を経て、樺太及び千島列島に、サハリン州を置いているのかということを知っておく必要がある。この過程を把握した上でならば、真の日露友好の確立も夢ではないはずである。

歴史を顧みず、ただ単に友好を唱えるのであれば、将来、さらなる悲劇が起きかねない。62年前における樺太での出来事は、北海道にとって決して対岸の火事ではないのである。樺太（南樺太）は、分かりやすくいうと、都道府県のようなものである。樺太県といっても、大きな間違いではない。もし、日ソ中立条約が無視されていなければ、樺太（南樺太）は、北海道に習い、樺太道になっていた可能性もある。とにかく、樺太に関しては、未確定の事項が多すぎる。樺太庁（樺太県）は、現在休庁中であるが、将来のことは、先人の偉業を参考としながら、我々が決めて行くしかない。

平成十九年八月十七日　高橋是清

注意事項

本書においては、昭和22年以前の北海道庁時代に関しては、北海道を地域名として扱い、北海道庁を同地域を管轄する広域自治体として扱った。また、昭和22年以降の北海道時代に関しては、北海を地域名として扱い、北海道を同地域を管轄する広域自治体として扱った。

参考文献（書籍）

「蝦夷島と北方世界」（菊池勇夫）
「樺太沿革・行政史」（社団法人全国樺太連盟）
「樺太史の栞」（西鶴定嘉）
「樺太探検の人々」（西鶴定嘉）
「樺太に生きたロシア人」（セルゲイ・フェドルチューク）［訳］板橋政樹
「樺太年表」（社団法人全国樺太連盟）
「樺太防衛の思い出」（鈴木康生）
「サガレン紀行抄」（アントン・チェーホフ）［訳］太宰俊夫
「サガレンの思ひ出」（エヌ・エス・スーバロ）［訳］太宰俊夫
「サハリンの歴史」（M・S・ヴィソーコフ）［訳］板橋政樹
「日露戦争もう一つの戦い」（塩崎智）
「日露領土紛争の根源」（長瀬隆）
「南樺太」（西村巖）
「ロシアから来た黒船」（植木静山）
「われらの北方領土　2002年版」（外務省国内広報課）

参考文献（小冊子・記事・新聞等）

「小樽市博物館関連資料」（小樽市博物館）
「樺連のしおり」（社団法人全国樺太連盟）
「樺連情報」（平成十八年九月号／十月号／十一月号・平成十九年一月号／二月号／四月号）
「樺太における宗教活動」（Ｈ・Ｂ・ポタポワ）
「重要文化財旧日本郵船株式会社小樽支店小冊子」（小樽市教育委員会）
「全国樺太連盟から気象庁への申し入れ書」（社団法人全国樺太連盟）
「全国公衆浴場業生活衛生同業組合連合会提供情報」（全国公衆浴場業生活衛生同業組合連合会　事務局）
「逃げおくれ」（岸擴）
「北海道新聞」（平成十六年八月六日／七日／八日／十日／十一日／十二日）
「北海道提供情報」（北海道企画振興部地域振興・計画局市町村課）
「間宮林蔵物語」（伊奈町教育委員会・間宮林蔵記念館）
「木匠顕一さんの引き揚げ体験」（柳瀬由佳・志村知子）
「稚内市総務課提供情報」（稚内市総務課）
「東京大学大学院理学系研究科（天文学）提供情報」（東京大学大学院理学系研究科［天文学］）

取材者（敬称略　あいうえお順）

磯島源吉　社団法人全国樺太連盟　常務理事
小熊幸人　社団法人全国樺太連盟　樺太関係資料館プロジェクトチーム　委員
川端良平　社団法人全国樺太連盟　常任顧問
岸擴　社団法人全国樺太連盟　理事
柴昭　社団法人全国樺太連盟　樺太関係資料館プロジェクトチーム　代表委員
長岐友衛　社団法人全国樺太連盟　樺太関係資料館プロジェクトチーム　委員
西村巖　社団法人全国樺太連盟　樺太関係資料館プロジェクトチーム　委員
木匠顕一　社団法人全国樺太連盟　常任顧問

著者略歴

高橋是清（たかはし　これきよ）

昭和 46 年、東京生まれ。宮城県仙台市立第二中学校卒業

平成 13 年より、東京のコンサルティング会社において、電子機器市場の分析を担当。

著書

「位相数学コンパクト理論」 2000 年（米国 KENTUCKY 州立 MURRAY 大学）

「道の分かれぬ和議」（近代文芸社）

「大正時代の庁府県－樺太から沖縄に置かれた都道府県の前身」（太陽出版）

絵で見る樺太史　　初版発行　2008 年 2 月 10 日　第 3 刷 2013 年 3 月 10 日

著　者　　高橋 是清

発行人　　瀬戸 弥生

発行元　　ＪＰＳ出版局

FAX：0463-76-7195

E-mail：pubnet@jcom.home.ne.jp

カバーデザイン　勝谷 高子（ウインバレー）

印刷・製本　ＴＢＳサービス

発売元　　太陽出版

〒113-0033　東京都文京区本郷 4-1-14

TEL.03-3814-0471　FAX.03-3814-2366

 ISBN978-4-88469-550-7